たった5日間で
あがり症・
話し下手でも
「いいスピーチ」が
できる

朝礼・会議・プレゼン・営業で使える
「話し方のコツ」

スピーチドクター
松本幸夫

現代書林

はじめに

人前に立つとしどろもどろ。

頭の中が真っ白で何を話しているのかわからない。

ヒザはガクガクして顔は赤くなる。


他人事ではなく、これは若かりし頃の私の姿です。

人前であがってしまう自分が恥ずかしくて、悔しくて、「あがりは敵だ。何とかしてやっつけなくてはいけない」と白眼視していました。当然、あがるのは悪いことと決めつけていたのです。

しかし今、私は自分が強度のあがり症であったことに感謝しています。

あがり症だったおかげで、人前で話をすることが仕事になり、20万人という自分でも驚くくらいの人に、おこがましいですが話し方の指導をするまでになったのですから。

そんな私があなたに伝えたいのは、「あがりは実は味方なのだ」ということです。

「エッ、あがるのは悪いことじゃないの?」
と驚く方もいるかもしれませんね。むしろそれが普通の考え方です。

だからこそ私も最初は「あがりは敵」と考えて、ガツンとやっつけようとしていました。ところが、なかなかうまくいきません。ガツンとやろうとすればするほど、話はしどろもどろ。心臓はドキドキして、どうにもできないのです。

うまく話すためのコツを求めて、全国の話し方教室を行脚したことさえあります。いま振り返るとよくやったなあと思うのですが、「なんとか今の状況から抜け出したい」という一心でした。でも、それがよかったのだと思います。

あがり症の人にあって、そうでない人にはないもの。それはモチベーションの強さです。もともとあがりにくい人というのは、突然話を振られてもナントカ話せてしまいます。話すことも苦にならないので「もっと話がうまくならなければ」などとあまり考えません。

いっぽうあがり症の人にとっては深刻な問題です。「もっと話がうまくなりたい」という思いの強さが違うのです。当然知識の吸収も違えば、いざトレーニングをしたときの真剣さも違います。

「なんとか今の状況から抜け出したい」

その思いを強く持って適切なトレーニングをすれば、あがり症の人のほうが話し上手になれるのです。

あがり症がきっかけで、この仕事をするようになった私がいうのですから間違いありません。もし私があがり症でなかったら、今の仕事はしていなかったでしょう。

当時を振り返ってよかったと思うのは、日本の話し方教室の黎明期でしたから、その創始者に教わることができたことです。

ベストセラーとなった『500人の前でも話せます』を書かれていた江川ひろし先生、言論科学研究所の江木武彦先生。おふたりとも故人ですが、生徒として習ったり、直接に講話が聴けたのは、かけがえのない体験です。謦咳《けいがい》に接する、つまり偉い人の咳払いひとつでも実際に聴くのも修行というわけです。

フルコンタクト空手の創始者や現代ヨガの創始者からも学びの機会を得て、幅広いジャンルへ自分の世界を広げていけたのもよくよく考えてみたら、あがり症だったのが始まりでした。あがり症は、人との新しい出逢いや、自分の成長につながるのです。

ですから、今は強く信じています。あがりは悪者で敵どころか、心強い味方なのだと。

そして、あなたにもあがりを味方につけて、より幸せな人生を歩んでいただきたいと強く思っています。

はじめにもいいましたが私は強度のあがり症で、苦しい思いもしてきました。迷い悩みながらの日々だったので、あがり症を克服するまでにずいぶん遠回りもしてきました。

もし「いまの私」が知っていることを「昔の私」が知っていたら、もっと早くあがり症を克服できたでしょう。

だからこそ、同じあがり症・話し下手であるあなたに向けてこの本を書きました。

この本で目指すところは、5日間であがりを克服し、「いいスピーチ」ができるまでになってもらうことです。そう、たった5日間です。無理だと思いますか？

そんな人に読んでほしい話があります。

20代の頃に、ベン・スイートランドという自己啓発書の作家の著書を読んでいたら、こんなエピソードがありました。

ビジネスに行き詰まり、悩んでいた男がスイートランドのオフィスに相談に訪れました。ふと外を見た男が、急にニッコリして瞳を輝かせました。それまでとは打って変わり、悩んでいた人間とは思えません。

不思議に思い、「どうしたのか」と尋ねますと、男は窓の外の、そこから見える看板の文字を指差しました。

そこには始めの文字はビルの陰に隠れて、（I CAN）の文字が読み取れました。「I CAN（私はできる）」

男は、現状を嘆き、自分はもう何もできない、そう思いこんでいたことにハッと気づいたのでした。思いを変える、どうやったらできるかと考えることが成功への道なのだと、「I CAN」の文字を見てひらめいたのです。

「I CAN（私はできる）」

大切なのは、必ず自分には可能なんだ、私にはできるという強い思いです。強い思い、信念があればたいていのことは可能です。できないのは、そう、今から5日間でアメリカの大統領になったり、太陽の表面に行ったりすることくらいでしょうか。

たった5日間であがり症・話し下手でも「いいスピーチ」ができる。

そのために私は、スピーチドクターとして31年間蓄積してきたすべての力であなたを応援します。朝礼・会議・営業・プレゼンでも使える話し方のコツを、同じあがり症としての視点から、具体的にお伝えします。

まずは、「できる」と思ってください。すべてはここから始まります。

2017年2月

松本幸夫

目次

第1章

あがりは敵ではなく、あなたの最大の味方

第2章

1日目

あがりを自由自在にコントロールする

第3章

2日目

状況別のベストなスピーチを学ぶ

第4章

3日目

著名人から学ぶ「いいスピーチでしたね」と言われるポイント

第5章

4日目

もう悩まなくていい！ 自然といい話になるスピーチの構成

第6章

5日目

それでも本番であがってしまったときの「とっさの秘策」

第 1 章

あがりは敵ではなく、
あなたの最大の味方

人前で話すことからは絶対に逃げられない

時間活用の研修で、「タイムスタディ」という課題を受講者にやってもらうことがあります。

通勤にどのくらい？　睡眠は？　仕事時間は？　と、一日の時間の使い方を細かく記録して分析していくわけですが、最近の受講者の傾向をみますと、ＳＮＳに費やす時間がバカになりません。

ツイッター、LINE、Facebook。さらにはメールもあれば、Skype、チャット。だいたい平均しますと合計3時間を越すのもごく当たり前です。

いっぽうで対面して話すとか、集まりでスピーチする、朝礼で話す、といった伝達や連絡のために話す時間や機会は減ってきているようです。

朝礼などは、業務の効率アップのために廃止している企業も出ています。確かに情報を伝えるだけならメールで済みますから、わざわざ朝礼はいらないのかもしれません。

顔を合わせる、会話する、極端にいえばムダ話の一つでもあれば、コミュニケーションのトレーニングにもなるのですが、いまや何でもメール時代。

隣の席にいるのに、わざわざメールで連絡する。もう十年以上前に、ジョークのようにいわれていましたが、最近では「それのどこがおかしいのですか？」などといわれています。

つまり直接対面して人とコミュニケーションする機会が物理的に減ってきているのです。

では、私たちが人前で話す必要はなくなったのでしょうか。**商品説明会、企業説明会、各種プレゼン、社内講師、異業種交流会、冠婚葬祭の挨拶まで含めて、決してなくなってはいません。私たちは人前で話すことからは絶対に逃げられないのです。**

逆にいうと、日常のビジネスを含めて、伝達や連絡で話さなくなった分、人前で話すことが、改まったこと、特別なことになってしまいました。

そのせいでしょうか「ちょっとひとことお願いします」といわれるのは正直恐いという人もいるくらいです。

意外と多いのが、本当はあがり症や緊張屋なのだけれど立場上、話す機会がたくさんあって悩んでいるという「隠れあがり症」の方々です。

彼らの多くは部長職以上の偉い人や病院の院長先生などで、周囲にも相談できずに困った様子で私のところにいらっしゃいます。


人前で話すことの重要性は、今後もますます高まるでしょう。


これからの時代はどんな人であれ、話すスキルを磨く必要があります。しかし、あがり症だったり、過度の緊張タイプだったりした人は「そんなことを言われても」というのが正直なところではないでしょうか。

聞き手の目を見て話しましょう、といわれても、あがってしまいそれどころではありませんよね。質問を投げかけて聴衆を巻き込みましょう、会場の後ろの人に話しかけて声の大きさを決めましょう、等々。

スキルが大切なことはわかるけど、わかっていてもできない。だから苦しい。

あがり症の人がまずやるべきことは、あがりを味方につけることです。

あがり症の人のポテンシャルは、そうでない人より高いのです。「いいスピーチだったね」と周りの人に言ってもらえるほど話し方が上達することも夢ではありません。

あがりは、あなたの敵じゃない

あがり症を味方にするためには、あがりをコントロールすることが必要です。

あがりというのはイコール緊張です。緊張というと悪いほうにとらえがちですが、さにあらず。適度な緊張はむしろ、まったく平然、しゃあしゃあとしているよりも好印象を与えることは多いのです。「適度な緊張」は大切です。

仮に、相手は自分よりもキャリアがあって偉い人ばかりとします。

もちろん、堂々と話すのも悪いとはいいません。しかし、ガチガチに緊張して堅くなって、ところどころつかえながらも一生懸命に話したらどうでしょうか？

「話し方は下手だけど、誠実そうだ」と好印象を与えるはずです。

だからといって、いつも堅くなり、緊張しろというのではありません。

あがりは、すべてが悪くないのです。度が過ぎなければ好印象を与えることさえある、ということです。

オススメはできませんが、仮に度を超えて緊張してしまって、相手からすれば何を言っているのかわからないとなっても、懸命さがあればうまくいくことはあるのです。ここで私の恥をお話ししましょう。

私は、コンサルタント会社で営業をしていたことがあります。

講師見習いでしたが、当時は営業も兼任していて、所属する先生方の研修を売りこんでいました。そんなあるとき、システム手帳を用いた研修があり、急遽、その手帳の説明に来てほしいと連絡があったのです。

いつもの営業の人間がたまたま出張で不在でした。私は手帳の担当ではなく、使い方を説明するほどには詳しくありませんでした。しかし、電話を受けたこともあり、とにかく相手先に向かい、一生懸命説明したのです。

しかし、10分くらいしたら、しどろもどろになり、質問に答えられなくなって「やっぱり新入社員はだめだな、帰っていいよ！」と説明は大失敗でした。

社内に戻り、社内報など書いて嘆いていた私に一本の電話がかかってきました。私がシステム手帳の説明をした会社の偉い方からでした。

「ああ、松本くん？　昼間はゴメンね。何か追い返した感じで。でもよく考えたら君、新入社員だよね。言ってることはよくわかんないし、もっと勉強しなきゃダメだけど。そういえば汗をかきながらも、一生懸命話していたのを思い出した。うちの新入社員はあそこまでできるかなと、君が帰ったあと考えた。まずはシステム手帳10セット注文するからね。来月、研修導入するか、検討するから、今度はもっと勉強して来てくれよ（笑）」

説明は大失敗だったのですが注文はとれました。一生懸命さが買われて仕事はとれたのでした。

私の古い時代の体験ですが、ここでいいたいのはあがり、緊張がすべてダメではないということです。

緊張し過ぎ、あがり過ぎは、行き過ぎないように「コントロール」することが欠かせません。

しかしコントロールの仕方さえ身につけてしまえば、恐れることなく堂々と、人前で話すことができるようになります。

あなたはなぜ、あがってしまうのか？

いいスピーチを話すには、あらかじめ何を話すかキチンとメモして、話の骨組みをつくることが大切です。しかし、いくら大切だといっても、一字一句すべてを暗記するとか、メモの誤字脱字まで細かく気にするのは、明らかにやり過ぎでしょう。

ところが、仕事に限りませんがついエスカレートしてしまい、本来は目的実現のための手段にすぎなかったものが、いつの間にか目的そのものにすり替わってしまう、いわゆる「手段の目的化」と呼ばれる傾向がどんな人にもあります。

特にあがり症の人は、いい加減に力を抜いて、開き直るのが苦手な人が多いです。もし、スッと肩の力を抜いて、開き直れたらそれだけでもあがりは格段に軽くなるのですが。

そこで活用して欲しいのが想像力、イメージです。

心理学者は昔からいっています。「意志と想像力が闘うと、必ず想像力が勝つ」と。

いまから心理実験をしますので、お答えください。

仮に横幅が15センチ、長さが5メートルの板があったとします。厚さは5センチもある樫の木で丈夫です。

さてこの5メートルの長さの板が、床に平らに置かれていたら、端から端まで歩けますか？　歩けますね。おそらくスマホ片手に鼻唄混じりでもいけるでしょう。

しかしこの板が、高さ100メートルのビルとビルの間に渡されていたなら、どうでしょうか。しかも命綱がないとしたら……。

スマホ片手に、ひょいひょい歩けますか？

床の上なら歩けても、高くなっていくとムリでしょう。人は本能的に生命の危機を避けようとするからです。万一落ちたときをイメージしてしまい、ヒザはガクガクして脚を踏み出せなくなります。想像力の発達していない赤ん坊や、サルの子供なら歩くかもしれません。ただ、私たちにはできないでしょう。

あまりに極端な例だと思いますか？

極端ではありますが、実はあがりのメカニズムはこれと同じなのです。板を渡るのをスピーチに。100メートルの高さを100人の聴衆に置き換えてください。

一人で話すなら全然大丈夫でも、100人が目の前にいると、途端に話せなくなってしまいますね。

こんなにたくさんの人前であがったら、どう思われるだろう、上司の評価が下がるのではないか、などと想像してしまうのです。過去の失敗体験を思い出す方もいるでしょう。これは、いわば想像力の悪用です。想像力があると、あがりやすい。これはあきらかです。しかし「うまくやれている。大丈夫」とイメージしながらスピーチするとどうでしょう、結果はかなり違ってくるはずです。

人は同時に良いイメージと悪いイメージを心に描けません。あなたの今後の課題は、いかにして想像力を善用していくかです。

あがりやすい人は、イメージを悪く描くことが習慣になっているだけなのです。

楽しく、ワクワクするような良い結果を心に描く時間を増やしましょう。あがり症の人は、一日中あがっているわけではありません。人よりも嫌な想像をしている時間が長いだけなのです。

あがり症のあなたは、実はこんなに得をしている

ここで、適度にあがっていることのメリットをまとめておきましょう。

すでに述べたように、あがり症は敵ではなく味方。ゼロにする必要はありません。いいスピーチをするためには、むしろ不可欠ということがおわかりになると思います。

① 誠実と思われる

あがっても一生懸命に話していると、不思議に誠実な人柄だと思われます。別の言い方をすると、あなたの評価が高くなるのです。

スピーチの内容は評価を大きく左右します。これは間違いありません。

しかし、**あがりや緊張は、適度でありさえすれば、あなたのスピーチの人間的な面をフォローしてくれて、高評価につながります。**

たどたどしくとも、額に汗して緊張が見える人が話しているのをみて、好感を抱いたことはありませんか。これこそ「あがり症の力」です。これは、方言にも似た効果があります。

②不注意な失言がなくなる

リラックスし過ぎると、私たちはついうっかりしてミスをしがちです。スピーチにおいてもそうで、例えば身内の集まりだからと油断して、思わぬ失言をして問題になることがあります。クローズドの環境で話しても、最近は、話したことが拡散しやすい時代です。しかも失言ほど伝播速度も速い。

ところが、**適度の緊張ですと、こうしたミスは少なくなります。**ちょっとしたミスで、いいスピーチも悪いスピーチとなりかねません。

③準備が周到になる

失言以外でも、うっかりミスや忘れ物、リハーサル不足など、緊張が少なすぎてしまうとよいことはなくなります。

その点あがり症の人は、あがりを少なくしたいとまず考えるので、事前の準備に力を惜しみません。それが、あなたにも、スピーチを聞く相手にもプラスに働くわけです。

④ 向上心につながる

もしも、あなたが緊張もなく、あがりもせずに普通にスピーチができたとします。すると、なかなか「なんとかしよう」「もっとうまくなる」といった向上心、ヤル気ということは出てこないでしょう。

ですから、あなたはあがり症で、緊張してしまうタイプなことに感謝すべきです。だからこそ、あなたは向上心をもって、いいスピーチをすることに取り組めるのです。

私も、極度のあがり症に悩み、弱い自分を恨みました。しかし、本当に今は、あがりに対して感謝の念が強いのです。**あがり症だったから、研修講師になれた。緊張し過ぎのタイプだったからこそ、スピーチドクターとして本もかけた。**あがりを向上心に結びつけてコントロールできれば、活躍できる世界がグーンと広がるのです。

⑤ 短時間で仕事の成果を出せる

仕事の成果は何時間働いたかという長さではなく、いかに集中するかという質を高めることで達成できます。

適度なあがりの状態は、集中できています。

それは仕事の質の高さにもつながります。ちなみに、頭を使うのが仕事で、身体を使うのは作業です。この作業も集中することで、ミスが減り、結果としては短時間で成果がでるのです。

自分の心を適度な緊張へとコントロールする力というのは、実はスピーチだけに限定されているのではありません。仕事にも重要な、集中する力がアップします。

ですからやはり、適度にコントロールされてさえいれば、あがりに感謝、ありがとう、なのです。

いいスピーチをすると、上司や顧客から認められて、あなたの評価は間違いなくあがります。また、人を感動させるようないいスピーチをすると、聞き手は寄ってきて握手を求めて、「元気をもらいました」「心がスッキリしました」「いい話ですね」「感動しました」と直接言ってくれます。

気恥ずかしいですが、「あがり症の自分がここまでこれた!」という成長を実感できるようになります。

適度なあがりの基準を持とう

あがりは敵ではありません。適度な緊張は能力を出すためには欠かせないのです。

なぜ、何度も繰り返しているかといいますと、あがりは敵、ゼロにしようと誤解している人があまりにも多いからです。おそらく、多くの読者にとって「あがりは敵」というイメージが強いので「あがりをやっつける本」とでもしたらそういう読者は喜ぶでしょう。実際そういう本はあるかもしれませんね。

大切なのは「自分にとって能力が最も発揮できる適度な緊張状態を知ること」です。

ここで、適度な緊張で、能力を出せて、いいスピーチのできる状態なのだという具体的指標をいくつか挙げておきましょう。

これは人によって違いますが、いくつかの例を挙げておきますので参考にしてください。

- **最前列の人の表情がハッキリ見える**
- **いたずらに早口にならず、スピードをコントロールして話せる**

・リラックスしてジェスチャーを大きく話せる
・恐い表情ではなくスマイルがだせる
・アイコンタクトを一人に長くできる

こうした、適度にあがりをコントロールできている状態の基準を持つことが大切です。もしできていれば、いいスピーチをする状態にありますし、

・まだ人の表情を見ることができない
・早口になっている
・ジェスチャーがでていない
・スマイルを忘れている
・アイコンタクトが短い

というような現状であれば、このあとお伝えしていく方法であがりをコントロールすればいいのです。

第2章

［1日目］

あがりを自由自在にコントロールする

ストレス度をコントロールする

ストレスはすべて「悪者」と考えていませんか？

ストレスというのは、言い換えれば緊張であり、プレッシャーです。

あがりとは、緊張が自分でコントロールできなくなってしまった状態だと考えてもいいでしょう。堂々と話すのが理想という立場に立ちますと、「あがりは悪者」というのも正しいのかもしれません。

ただ、緊張にもあがりにもレベルがあります。頭が真っ白になり、ヒザがガクガクするようなあがりはマックスレベルのあがりです。ストレス度も相当強くなります。

それに対して、軽い緊張・あがりくらいであれば、それはむしろ歓迎すべきものといっていいでしょう。

なぜなら、**適度な緊張があると、能力が最高度に発揮できるからです。ストレスという点からみると、それはユーストレス（適度なストレス）と呼ばれています。**

例えば、仕事で残業になりそうで、夜になり疲労も蓄積。神経がピリピリしているような状態ではとてもじゃないですが、効率よく仕事なんてできないでしょう。

この状態はストレス度が高過ぎます。

逆に、昼食後にのんびりして、眠気さえ催すような、ストレス度の低すぎる状態はどうでしょう。だらけてしまって仕事にもなかなか集中できませんよね。ちなみに研修業界では、「昼食後の時間を「魔の時間」というくらいで、工夫しないと受講者は眠ってしまいます。ストレスというのは低すぎても高過ぎても、パフォーマンスは下がってしまうのです。

適度なストレスがあったほうがよいというのは、何も仕事に限らず、スピーチにおいても同じです。

スピーチするときのストレス、緊張度が低すぎると、うっかりミスが増えます。

例えば配付するために用意していた資料を忘れてしまう。気づいたときにはもうアウトです。一転「どうしようどうしよう」と緊張が高まって、頭が真っ白になってしまいます。

またスピーチ・プレゼンであまりにリラックスして話すと、真剣味に欠けると思われることさえあります。**あがり過ぎが悪いのは常識。しかしまったくなくてもダメです。**

大切なのは適度なストレス度に自分をもっていくことなのです。

長嶋茂雄のストレスコントロール法とは？

私たちが一番パフォーマンスを上げられる状態は、ユーストレスの状態です。では、どうやってそこにもっていけばいいのでしょう。

長嶋茂雄氏がまだ巨人の選手時代の話ですが、長嶋氏は自分がどのくらいの心拍数のときに一番打てるのかを知っていたそうです。

そして、ウェイティングサークルで次の打席に備えているときに、その心拍数になるまで素振りをしたといいます。

私の知人が長嶋氏の孫弟子で、いまはプロ野球のコーチをやっていて、「この考えが理にかなっている」と、選手指導に取り入れているといいます。

まさにユーストレス状態に自分をコントロールしていたということです。

私たちも、このような発想を組み込んだ**ストレスコントロール法をどんどん活用していくことで、スピーチのときに最高の成果を出すことができます。**

ユーストレスな状態は、建物でいえば土台のようなものです。話し方や話す内容もさることながら、まずは最高のスピーチができる状態に自分をもっていくことが大切です。

ここを無視してしまうと、いくら練習をしても、うまくいくときとそうでないときに、大きな差が出てしまいます。だからこそ土台をしっかりさせておきましょう。

さて、ストレス度をコントロールする方法には、大きくいって3つのアプローチがあります。詳しくは次の項目でお話ししますが、「食のコントロール」「呼吸のコントロール」「身体の動きのコントロール」です。

今回お話しする方法では、ストレスが高すぎれば下げる、低すぎたら少し緊張させるといった具合に、自由自在に自分のストレス度を調整することができます。そうやって、「適度」な状態にもっていくようにするのです。

3つの方法に、それぞれストレス度を上げる、下げるという2つがありますので、合計6つの方法になります。

すでに数多くのあがり症の方が、この方法でストレスをコントロールできるようになりました。もちろん私自身も、私のプレゼン・スピーチ講座を受講した生徒さんにも、効果が抜群なことは実証済みです。

ストレス度をコントロールする3つの方法

先にも述べましたが、ストレス度コントロール法は次の3つです。

① 食のコントロール
② 呼吸のコントロール
③ 身体の動きのコントロール

それぞれ、自分の状態に合わせて、緊張・ストレスを上げるか、または下げるか、コントロールすることができます。

1つ目、食のコントロールです。
食事を減らしたり、抜いたりすることによってストレス度を上げることができます。
大切なスピーチの直前には空腹にしておいて、ややストレス度を上げます。そうすることで心が本番モードに切り替わるのです。

歌手のマイケル・ジャクソンも、コンサートの直前にはほとんど固形物を口にしなかったそうです。集中力を高めて「さあ、やるぞ」というときには、適度なストレス度が必要。そのためには、食べないといいのです。

すでに**あがってしまって、緊張が高過ぎるときは、何か食べるとのんびりできます。ストレス度が下がるのです。**

2つ目は身体を動かすこと。

ストレス度を下げたければ、ストレッチのような身体を伸ばす動作をゆっくり、時間をかけておこなってください。脱力するのもいい方法ですが、そのときはいきなりではなく逆に力を入れてから抜くとよいのです。

拳を思い切り握りパッと手を開く。両肩を上のほうに持ち上げてからストンと力を抜くとストレス度は下がります。

ボーッとしている状態、リラックスし過ぎているのなら、先述した長嶋氏の例のように、心拍数を適度に上げるような、やや激しい動作をおこなうとよいでしょう。ストレス度が上がり、ヤル気も上がってきます。

3つ目が呼吸です。あがって、交感神経が刺激されると、呼吸は速くなり、血圧や脈拍は上がります。また、吸う息に力が入ります。

格闘技で、400戦無敗というキャッチフレーズのヒクソン・グレイシーは、試合前に炎の呼吸法という深く短く吸うという激しい呼吸法をしていました。これは、ストレス度を急速に上げるのです。

びっくりすると、ハッと息を飲むものです。

つまり、リラックスしすぎたら、短く強く吸うことを繰り返しましょう。ストレス度を上げてくれます。

逆に、強くなりすぎた緊張をゆるめて落ち着きたいときには、気分のよい呼吸。つまり、ゆっくり長く吐くとよいのです。ストレス度が下がります。深呼吸があがりにいいのは、吐く息が長い場合です。

重心を下げれば、あがらない

そもそも「あがる」というのは何があがるのでしょうか？

あがっているときというのは、顔が赤くなる、肩や首に余分な力が入るというように、身体の重心が上にいってしまっています。本来あるべき身体の重心というのは、おヘソの下あたりの「丹田」。ここに重心があると心も安定します。「お腹に力を入れろ」とよくいうのも、重心が下がり、落ち着くからです。反対に、腰より重心が上にいくと「フラフラしてヒザがガクガク」ということになるわけです。こんなときは、次の2つを、「重心が下がっていく」という意識を持ちながらおこなえばいいのです。

①肩・首・上腕の余分な力を抜く

②重心を下げる動作をする

では、具体的にどうするかをお話ししましょう。

まずは首、手首、肩を回します。足首も回せる状況なら回してください。また、回したら軽く自分でもみほぐすのもよいでしょう。目的は力を抜くことにありますから、日頃から柔らかくしておくことです。結果として、あがりにくくなります。

あがったときにはとっさに「どうしよう」と考えがちです。しかし、日頃スピーチをしていないときから、身体の重心を上げない工夫をしておくと、あがり予防になります。

合気道の、故藤平光一先生は、日頃から「重心は下」と唱えろと説いていました。この後に触れますが、武道には重心を下げるスキルが盛り込まれています。

上半身の余分な力が抜けたなら、次は身体の重心を下げます。

剣道では、いきなり試合ではなくて、相手と向き合うと蹲踞《そんきょ》の姿勢を取ります。この**腰を落とす、しゃがむというのが重心を下げるスキルなのです。**

ほかにも、相撲でも、四股《しこ》を踏むというのは身体の重心が下がりますし、相手と戦う前には拳を土俵につけてしゃがむでしょう。

また、武道全般、正座をしますが、これも身体の重心を下にする体勢なのです。

相手と自分が、最高の心身の状態で技を出し合う。そのためには、緊張し過ぎてあがっていては能力が出せません。そのため、重心を下げる工夫がなされているのです。

ヒザを曲げて腰を下げれば、あがらない

とはいうものの、実際にあがったときにその場で蹲踞《そんきょ》の姿勢を取ったり、正座をしたり、四股を踏んだりするのは難しいものです。

これらは日頃から習慣化しておきましょう。生活の中で身体の重心を下げるのをクセにしておくのです。すると、あがりにくくなっていきます。

ちなみに、スクワットや、縄跳びにも同じ効果があります。

どうしてスピーチに身体を動かすことが関係してくるのか？　と疑問を感じる方もいるでしょう。昔から、心身一如というように、心の状態と身体は切り離せなく、互いに影響しあっています。また、そういう表現も多くありますね。

「腹が立つ」

「顔が青くなる」

「失恋して胸を痛める」

心の状態は、身体とつながっていて、逆に身体の状態を変えたなら、心も変わっていく

のです。

実際に私が研修の中で、生徒さんに実行してもらって効果が高かった方法があります。即効性がありますし、仮に誰かに見られても不自然にはなりません。

それは、**ヒザを曲げて軽く腰を落とすのです。5センチほど、何回か繰り返すだけです。このときに、重心が下がると思いながらおこなうのがポイントです。**終わると、あがりを感じなくなるのがわかるでしょう。

さらに、スピーチ前に、廊下やトイレで軽くジャンプ運動をしておくのも、あがり予防には効果があります。

本書では5日間であなたが「さすが」といわれるだけのスピーチの名手にするのが大きな目的です。ただし、いきなりスピーチの中身や伝え方を学んでも、効果は出にくいのです。

その前にすべきことは、あがりは敵ではないという意識をハッキリ、しっかりと持つことです。そして、良いあがり、緊張の状態に自分がなれるような具体的な手法を知っておくことです。

そのための、スキルの一つが「身体の重心を下げること」と理解してください。

視線はこう動かせれば、あがらない

人前に立ったとき、あなたはどこを見て話していますか？

視線の動かし方をマスターできたなら、スピーチをしているときのあなたの印象は良いほうに、ガラリと変わります。ここでは具体的なアイコンタクトの方法を述べていきます。

①全員を一度に見ようとしない

スピーチすることに慣れていない人の場合、聴衆を見ようとしますと、どうしても、一度に全員を見ようとしてしまいます。

そうすると、実際は見ているようで見ていない、フローティングアイ、ただようようなフラフラした目線になってしまうのです。これは「やってはいけない」動かし方です。

②後方の人に挨拶する

後方に座る人に、大きな声で挨拶しましょう。

理由は後方の人があなたの声を聴きとれれば全員に聞こえるからです。

また始めに元気よく挨拶しますと、あなたは明るくて自信があるという印象になります。

③ 一人一文で話しかける

ここは大きなポイントです。これがマスターできると対話型、つまり一対一で話しかけるような感じがでるのです。「みなさん」という集団にではなく、「あなた」という一人に伝える感じです。あくまでも一人の個人の「あなた」に話したい、伝えたい――。それを形で示すのが一人の目を見て話す、アイコンタクトです。

その長さ、滞留時間は書いたとしたら「。」がくるまで。つまり一文が終わるまでです。

「本日はお集まりいただきありがとうございました」

という一文の間は一人に語りかけるつもりで話すのです。

そのあと、違う人に向かって一文のあいだ、一人から目を反らさないのです。

「今日の研修を楽しみにしていました」

ここまでを「一人に目線」です。途中で目を移動しますと落ち着かない印象になります。

君の話は何か落ち着かないな、などと上司に言われる人は、多くは一人一文になってい

ません。途中でキョロキョロと視線を移動するので、印象が落ち着かないのです。

なお、強度のあがり症ですと、人の目を見るどころではないでしょう。その場合どうするかは、この後にまとめて述べます。

④慣れたら、あまり一人一文をやり過ぎない

こういう注意は、いわば応用編です。ゴルフでもサッカーでも、始めは徹底的に基本をマスターします。そのうえで自分のフォームを創るのです。

人の目を自然に見て対話感が出せれば、あとは、自由に聴衆を見て話せば良いのです。**ずっと基本の一人一文をキシッとやり過ぎますと堅い印象になります。いつまでたっても、敬語で話すようなものです。**

親しい人に気楽に話しかけるような自然さが理想です。もちろん実際にそうするのではありません。人数が多ければフォーマルなのは鉄則です。しかし、心構えとしては自然に、友人と話すようなつもりでいきましょう。

少なくとも、床や中空を見たり、スライドやPCの画面を見て話すのではなく、聴衆の一人を見て話すことが視線の基本です。一人一文という基本に慣れていくことです。

「人の視線を感じると、途端にあがってしまう」の対処法

一人一文が理想的、とはいうものの、強度のあがり症ではとてもそこまではいかないものです。人の目を見るどころではないでしょう。

あがらないために、聴衆を野菜や石ころと思えというのは、あがりが強度のときにはひとまず気が楽になる方法です。というのは、あがってしまう大きな原因に、聴衆・相手に見られていることを意識しすぎてしまうことがあるからです。聴衆が10人、20人と増えていくほどに緊張もピークになってしまうのです。

そんな人の場合は一文どころか、目を見ることさえできないのではないでしょうか。私もそういうレベルのあがり症でした。

さて対処法です。**最初のステップは「聴衆を人間と思わない」ことです。**とにかく自分の持ち時間をこなすことを目標にしましょう。アイコンタクトをムリにせずに、15分が例えば持ち時間なら、その時間は最後まで話すことを目標にします。

それができるようになったら、次のステップです、

「3」をキーワードにして、小さな目標を達成して、アイコンタクトの成功体験を積むことです。

次は始めの3分だけ、終わりの3分だけ、3回だけ、というように3をキーワードにしてアイコンタクトに挑戦してみましょう。

持ち時間のうちで、どこでもいいので、3人の目を見て話す、3分だけは頑張って見ていく、と決めて実行してみるのです。

それ以外は、カボチャと思っても、下を見続けてもかまいません。「3」という単位で時間を区切ったり、回数を区切ったりして実行するのがポイントです。

小さいですが、それができれば、あなたの成功体験になります。そして、それはあなたの達成感になりますし、「自分はやったんだ！　できる」という自信にもつながります。

さて、あがり症の人は、ここまでのステップを踏んでいきますとようやく、一人一文を意識してできるようになってきます。

クラスを一つ上げるのは、どんな分野であっても苦労が伴います。アイコンタクトなど考えられないくらいのあがり症なら、一人一文で「。」がくるまで相手を見つめて話せというのは、いきなり飛び級して二つ上のクラスに入れというようなもの。無茶な話です。いくつかのステップを踏んで、着実にランクをあげていきましょう。最後にまとめてみましょう。

強度のあがり症の人

←

聴衆をカボチャと思え

とにかく持ち時間を話しきることを目指す

ちょっと緊張するな、というくらいの人

←

聴衆をカボチャと思えはNG

人の心をつかむいい話をしていくために、しっかりアイコンタクトの習慣をつけよう

あなたの状況に合わせて、ステップを踏んでいってください。

いいあがりを手に入れる3つの条件①「保険」をかける

いいあがりは、ストレスコントロールによって生まれ、適度なストレスというのは、いい話をするのに必要なのだということはすでに理解されたことと思います。

あなたには、どうしても5日間という最速で、あがり過ぎること、緊張し過ぎからは脱却して欲しいと強く願っています。理由は、私自身極度のあがり症で、いやというほど痛い目に遭ってきたからです。

古くは小学生時代から、先生の出す問題が一番早くわかっても、指名されると、あがってしまい答えられない。赤くなって、しどろもどろ。

そうなるのが嫌で、手を挙げられないつらさ。あとから手を挙げた子がほめられる。自分はとっくにわかっていたのにと、ひがむ。その子を恨む。自己嫌悪という魔のサイクル。

本当に苦労しました。一時期は自己不信の塊とともに悩みながら生きてきました。

ナントカ時間をかけて脱却できましたが、読者のみなさんには、しなくてもいい苦労をしてもらいたくはありません。

そのためには、私が小学校以来20年かけて強度のあがり症を克服したエッセンスを伝えましょう。

基本は本書で紹介することを、ただ読むだけではなく実行することです。そうすれば、あなたは5日間で、いいスピーチができるようになりますよ。必ず。

そのためにもポイントをしっかりつかんでください。覚えるべきポイントは3つです。いいあがりを手に入れるために忘れないことが3つなのです。

1つ目。それは、「自分が安心してスピーチができる状況」を作って話すことです。具体的にどうしたら安心できるでしょうか？

万一あがっても大丈夫と思えたら、いいスピーチをする第一歩は歩めます。

病気になったらどうしよう。と不安でも、イザとなったら保険があると思えたら、お金や家族のこともひとまずは、安心できますよね、少なくとも何もないよりは、不安は軽くなります。

ですから、あなたも万一あがっても安心と思えるような「保険」を、自分にかけておきましょう。それが次の5つです。

①サクラ役
②司会者
③配布物
④安全毛布
⑤とっさの対処法

スピーチの状況によっては、あなたを懐疑的に見たり、反対質問をしたりするような聴衆がいることがあります。

これは、緊張しやすい人にとっては避けたいものです。こんなときサクラ的に、あなたに拍手してくれて、賛成や賛同してくれる人がいると心強いものです。

司会のいるような場合なら、万一あがったら合図するから休憩にしてもらうとか、質問に切り換えてもらうとか、助け舟をだしてくれるように打ち合わせておきます。これが、あがってしまっても大丈夫という安心感につながるのです。

配布物は、あなたに対する視線や集中を配布物にそらせてくれる効果があります。つまり、あがり過ぎたときの保険になってくれます。

スライドを見せてプレゼンするときも、あがったときに見せるように、事前に準備しておくのです。あがり症の人は、見られているのが不安、恐怖を高めてしまうのです。相手が自分から一時的に目を離しているのは安心に通じます。

マンガ『ピーナッツ』の主人公、チャーリー・ブラウンが、なかなか毛布を手放せずに引きずる場面を記憶している人は多いでしょう、あれは安全毛布といって、あれがあると、チャーリーは安心できるのです。そんな、「これがあると安心」というグッズを手元におくのも、あなたの安心に一役買ってくれます。

とっさにどうしたらいいのか、という対処法を知っておくことも、あなたの安心作りに欠かせません。これについては、5日目で詳しく述べましょう。

まずは、1つ目のポイントとして安心してスピーチができる状況をつくって話せるようにしましょう。それには保険をかけておくのが賢い方法なのです。

いいあがりを手に入れる3つの条件② 自信を持つ

安心の次、2番目に必要なのは自信です。

自信をもって繰り返してスピーチしますと、自分の「十八番《おはこ》」ができます。

結論は、繰り返しであり、場数を踏むことなのです。これは、あなたもどこかで読んだり聞いたりしたことはあるでしょう。

ただし、**何も考えずに繰り返すだけだと、とても5日間では間に合いません。意識して、場数を踏む。そうすれば、短期間でどんなに緊張しやすいあがりの人でも、堂々とスピーチができるようになるのです。**

私のスピーチを始めた頃は、断言しても良いですが、この本を読んでくださっているどんな方よりも下手でした。それ以前に、あがってしまい話せなかったのですから。自称「日本一のあがり症」です。そんな、最後方からスタートした私が、今は人前で話すことを仕事にしています。もちろん、自信満々です。

その試行錯誤のなかからつかんだエッセンスが本書にはたくさん詰まっているのです。

本書は最新バージョンですから、昔の著書ではお話ししていなかった新しいスキルもたっぷり盛り込んでいます。

さて、自信を持つためにはどうしたらいいのか？

①リハーサルをする

②自己暗示する

③ほめてもらう

この3つで、あなたの自信は急速に強くなります。

リハーサルをするときに、ぜひ活用したいのが自分のスピーチ・プレゼンを録画することです。客観的に自分の話し方を観察することで、猛スピードで上達します。どんな人でも自分の改善すべきクセがよくわかります。

リハーサルを何十回と繰り返したのと、あるいはそれ以上の効果が、自分を観察することで上がります。

身体がやけに揺れているなとか、下を見て話すクセがあるとか、「あのー」が多すぎるなど、いくらでも改善ポイントがわかります。

最近ではスマホで簡単に録画できるので、私が受け持つプレゼンのクラスでは、隣同士で相手の話し方を撮りあってもらうようにしています。いままでよりも急速に上達している受講者が多いのを実感しています。

友人や同僚、家族あるいは自撮りでいいので自分のスピーチを撮りましょう、その上で改善点を意識してリハーサルを繰り返しましょう。短時間でいいスピーチをする自信がメキメキつくコツです。

言葉に出すとあなたは自分の耳で聞きます。それは暗示となり、あなたの考え、行動を変えていきます。このときに、「あがらないように話す」というネガティブないい方は避けましょう。

つまり**「堂々とスピーチをする」「いいスピーチができる」という表現にして繰り返し唱えます。**一日中唱えるのは大変ですし、やみくもにしても効果は薄い。効率を考えて一日のなかで暗示効果が高い時間にピンポイントで唱えましょう。**起床直後と就寝前、つまりあまり難しいことを考えられないボーッとした時間帯は被暗示性が高い、つまり暗示に**

かかりやすいのです。

日中するのなら、言葉でなく、イメージを浮かべましょう。仕事の合間、休憩時間にあなたが多勢の前でいいスピーチができて大拍手を受けている場面などを軽い気持ちでイメージしたら十分です。

自信を持つ3番目は、ほめてもらうことです。私が本の処女作を勝手に各界に送りつけたとき、驚くほど無反応でした。27歳の無名の若者の本など見向きもされません。ところが、ほめてくれた人がいました。当時PHP研究所の重役でのちに社長にもなられた江口克彦氏でした。青インクで書かれたその手紙には、粗削りだけれどあなたには光るものがある。道は必ず開けるから努力しなさいとありました。

たった一人でも、自分を認めてほめてくれる人がいた。私がビジネス書の作家になれたのも、何冊もベストセラーが書けたのも、このときの経験があればこそなのです。

スピーチも同じです。ほめてくれる人を探して見つけましょう。「いいスピーチでしたよ、感動しました」と言われたらあなたの自信は強くなります。驚くくらいに。

いいあがりを手に入れる3つの条件③ ハードルを下げる

完璧主義、几帳面な方はあまり度が過ぎると、いいスピーチはできません。

私は人前で話す仕事を30年以上してきていますが、全部完全、百点満点ということはありません。

スピーチはコミュニケーション活動の一つです。つまり相手がいます。自分だけリハーサルの通りこなしても、質問もでますし、聴衆がすべて好意的とは限りません。私も、自分の話はほぼ理想に近くても、相手にそれを壊されることは何十回と経験しています。

結論は、**始めから最高・完全を求めて一生懸命やるのは当然です。しかし結果として80点となればよし、とすることです。**

あれもこれも、高望みすると、なかなか「いいスピーチ」は、できません。

このあと第5章にある4日目には、この順番で話せばロジカルに聞こえ、よくまとまっていると思われる、スピーチの構成・話の順番。そして伝え方、話し方のポイントを述べます。

しかし、始めから全部を完璧にできなくてよいのです。金メダリストでさえ、すべての試合を思い通りに完璧にこなしているわけではありません。

始めからあまりハードルを高くして、自分を追い込まない方が、結果としては早くいいスピーチができるようになります。

あれもこれも、と目標が多いとどれもが中途半端になりかねません。先の自信をつけるためには、成功体験を重ねることも大きいのです。このときあまりにハードルが高いと、いつも失敗、敗北感ばかりになってしまいます。

今までできなかったことができるようになった。その達成感が、あなたのやる気を高めてくれます。

今日は「あのー」が半分に減った、今回は前回より早口にならなかった、というようなささやかな成功があれば、十分なのです。

やるからには完全でないと意味がないと、肩ひじを張ってスピーチに取り組む人がいます。それでは、心が疲れてしまい長続きしません。ある意味、肩の力を抜いて、ハードルを下げ、小さくても上達していればいいのです。真剣に、全力を出した結果には80点で満足しましょう。長続きしなくては、いいスピーチができませんよ。

第3章

［2日目］

状況別のベストなスピーチを学ぶ

スピーチの究極は状況別

1日目ではいいあがりを手に入れる基本についてお話ししました。ついで2日目は状況別・場面別の話し方について学んでいきましょう。

スピーチ・プレゼンの究極は状況別にあります。これは私が20年ほど前から痛感していることです。相手の人数や、テーマ、状況によって話し方は変えなくてはいけません。

例えばビジネスシーンでのスピーチと、冠婚葬祭では話し方が異なるのはおわかりでしょう。冠婚葬祭でも結婚式と葬儀では異なりますし、ビジネスでも歓送迎会と会議では当然違います。

ポイントをしっかり押さえて、場面ごとにいいスピーチだったなと評価されるようになってください。

まずお伝えしたいのが、「話は短いほど難しい」ということです。

意外に思われるかもしれませんが、これは本当です。持ち時間3分でお願いしますとか、場合によっては「ひとことお願いします」というケースもありますが、実は短い話というのは「話し方のプロ」である私たちにとっても難しいのです。

研修を営業している代理店の方からこんな話を聞いたことがあります。

あるときその人が、研修講師は話すことのプロだからと、結婚式のスピーチをある講師に頼んだことがあったそうです。

さぞや素晴らしいスピーチになると思いきや、「たいしたことなかった」というのです。

恐らくその講師さんは、たかが2~3分、話し慣れている自分なら大丈夫だと思ったのでしょう。

彼は短いスピーチほど難しいことに気づかなかったために遅れをとったのでした。

この点、長い時間のスピーチだと「アッ、これは失敗だな」と思っても、時間があるので挽回可能です。

結論からいうと、短いスピーチは話に慣れてから引き受けるのが、本当は理想です。

どうしても話さないといけない状況に陥ってしまった場合は、徹底して言葉を選んだ構成で内容を吟味してください。

そのうえで念入りなリハーサルをしておきましょう。

「短いスピーチだから楽勝」は誤りで、油断禁物なのです。

エピソード・アプローチで誰でもいい話ができる

パブリック・スピーキングの大家であったデール・カーネギーは話し方のコツは3つと述べていました。

①ASK QUESTIONS 質問せよ

質問することによって、相手の理解度がわかりますし、相手との一体感ができます。話は一方通行ではいけません。

②GIVE EXAMPLES 具体例・実例をあげよ

ここでいうエピソードはまさにこれに当たります。英語のプレゼンでうまい人は必ずFOR INSTANCE, FOR EXAMPLES（例えば）という言い回しで具体例を話します。とてもわかりやすくなります。

③ TEMPO　テンポ良く話す

これは早口とは違います。どんな人にも、自分が一番ムリなく話せる自然なスピードがあります。そのスピードで、淡々と平板にならないように変化をつけて話すのです。

いずれも大切なコツですが、この頁でとりあげたいのは②の具体例・実例をあげよというポイントです。

「新郎は本当に誠実で優しくて思いやりのある人で……」

結婚式の祝辞で話すとき、このような一般論をいくら述べても人の心を打つことはできません。

人の心に響くいい話というのは具体的なエピソード・実例です。また、エピソードというのは記憶に残ります。

私はこれをエピソード・アプローチと呼んでいます。

例えば「発明王エジソンには人並み外れた集中力がありました」で終わらせずに「研究中は他には目がいかずに、ゆでで卵のつもりで腕時計をゆでてしまいました」とエピソードが入ると「スゴイ集中力の持ち主だな」と思うでしょう。

看護師になった○○さんが、他人の世話が好きといいたいのなら、「彼女は幼稚園の頃から、他の子の支度が遅いと手伝っていて、そのために自分が遅くなることがしょっちゅうありました」というエピソードを話せばいいのです。


エピソード・アプローチは、結婚式、送迎会、お祝い事など汎用性があります。スピーチなどで活用するときには、第5章で学ぶ4日目の構成と考え合わせながら、どのエピソードにするのかを決めて練習しておきましょう。

エピソード・アプローチをするときには2つのポイントがあります。

まず1つ目は、紋切り型の言葉は思い切って使わずに、自分の言葉でエピソードを語ることです。

「エー、突然のご指名によりまして」

「かくもにぎにぎしくご参集たまわりまして」

などという決まり切った言葉でスピーチをはじめても、心がこもったスピーチになりません。多少拙い言葉でも、自分の言葉でエピソードを語る。そのほうがずっと人の心に響きます。

2つ目は、言い訳から話に入らないということです。これはエピソードを語るときに限りませんが、非常に聞き苦しいものです。

「風邪をひいておりましてお聞き苦しいかもしれませんが」「話がまとまっておりませんで」といわれても、聞いていい気分にならないでしょう。

紋切り型厳禁、言い訳厳禁を厳守した上で、挨拶、お祝いの言葉を自分の言い方で伝えます。そのあとにエピソードを話すのです。

例1

「新郎の翔太君と、学生時代に蔵王にスキー部の合宿へ行ったときのことです。成人の日でした。新人が5人いましたが、スキーに慣れていないのと、緊張もあり、その中の2人が転んでしまったのです。

私や翔太君は新人を指導する立場の先輩でした。彼らが転んだのを見て、他の先輩たちは私を含め笑って見ているだけでしたが、翔太君だけは違いました。

『大丈夫か？』とすぐさま転んだ二人に声をかけ助け起こしていました。そのとき私は、こいつは、なんて人思いの親切な奴なんだなと思いました。

さて、これからの相手は学生ならぬ新婦の里絵さんです。さらなる親切で優しさを発揮し、素晴らしい家庭を築くことを信じています。今日は本当におめでとうございます」

例2

「百合子さんは、会社の英会話研究会でも、とにかくリスニング力がすごかったです。ちょうど1年前のことですが、こんなことがありました。

研究会が終わって私たちメンバーは、会社を出て帰り道を歩いていました。すると、外国のビジネスマンの何人かが話しかけてきたのです。どうやらとても急いでいるようです。ところが何を話しかけられているのかが、私たちには聞き取れません。

そのとき百合子さんだけがニッコリと微笑み、会社を指し示し会話したのです。どうやら私たちの会社に急用だったそうです。

あれからさらに力をつけた彼女は、ニューヨーク支社でも活躍なさると一同信じています。百合子さん、オメデトウ。がんばってね」

何を話すのかと期待させるエピソード・アプローチは、朝礼で有効

例えば、スピーチの出だしがこんなスタートでしたらどう思いますか？

「あれは3年前の10月28日、私の誕生日のことでした。ロンドンにいた私はランチを食べに行くためにに地下鉄に乗ったんです。するといきなりパーンという大きな音がして中が真っ暗になりました。私は……」

何が起こったんだろう？　と続きを聞きたくなりませんか。

披露宴や栄転の祝い事では、エピソードから話に入るのは有効です。

さらに、話法として構成に盛り込みますと、「先がどうなったのかな」と聞かせる効果があるのです。

ところで朝礼というのは、目的は行動を促すことです。

「経費削減で、まずは身近な電気代を節約するためにこまめに消灯しましょう」とか「17

時以降は半分の蛍光灯を消しましょう」というように、行動してもらいたいわけです。
しかし、「このように行動しましょう」とただ結論を伝えても、だれも聞く耳をもちません。だからこそ、朝礼には、エピソードを始めにもってくるエピソード・アプローチが有効なのです。

例1

「3日前のことです。京都支部の田中さんが、営業車両に乗って車庫入れしていたときのことです。突然後方でゴツンというにぶい音がして自転車と接触してしまいました。幸い大きな事故にはいたらなかったそうです」

この例ですが、車の後部座席に荷物を積み過ぎていて、後方確認がしにくかったのが原因で、自転車に接触してしまったのです。
「安全のために、後部席は物を置き過ぎないようにしましょう」ということが伝えたいことなのですが、いきなりエピソードから入る構成は、朝礼では印象に残る話となるでしょう。

カーネギーの説いたように、具体例・実例が説得力を高める鍵なのです。
他にも、エピソードから話すいくつかのサンプルを紹介しましょう。

例2

「私には高校受験をひかえた息子がいます。昨晩、残業があり12時すぎに帰宅しました。リビングに、前の日に弾いたギターがたてかけてあったので、しまおうと思い手に取ったのです。すると突然奥から『あなた!』という妻の叱責する大声が聞こえてきました。受験勉強している息子が頑張っているのにギターを弾くなんて、何を考えているの!? ということでしょう。しかし私はしまおうと思っただけなのです」

これは、社内コミュニケーションの話で、「人を即断しないように。まずは行動の理由を尋ねましょう」と伝えるためのエピソードです。
やはり、朝礼の始めにエピソードをもってくると、何の話かなと聞かせることができます。

会議での失敗発言で、もう赤面しなくてもよい

あなたは会議で発言していますか？　発言次第ではあなたの社内評価が決まってしまうこともあるくらい、会議での発言はとても重要なものです。

何も発言しないというのは、NGと思いましょう。

発言をしなければ、確かに、問題発言をする危険はありません。

その代わり、上司や同僚の印象を良くすることもできないでしょう。なにしろ何も話さないのですから。

とはいっても、何でも思いつきで発言してしまいますと、発言によっては問題視されることもあります。一度言ったことは取り返しがつかないので、脈絡なくただ何か発言すればよいわけにもいきません。

では**どのような発言をしますと、あなたのことを印象づけて、記憶に残り、社内評価も上がるようなことが可能なのでしょうか？**

実際に何社もの研修先で会議の仕方を見させていただいて、ベストと思われる方法をま

とめてみました。次の2つのポイントに気をつければ、会議での失敗発言で赤面することもなくなるでしょう。

①前の人の発言を引用して、ひとこと自分の意見を加える

そもそも会議では、何を発言していいかがわからないという人が少なくありません。しかし、まったく発言がゼロだと自己アピールもゼロです。

そこで使えるのが、前に発言した人の発言を引用しながら、一言だけ自分の主張を加えるというテクニックです。

「山田課長は、このプロジェクトは、将来を考えると賛成ということでした。竹下常務もわが社のことを大局的に観るとスタートすべしというご意見です。オリンピックという舞台にかげながら力になれるという、その意義からも私は賛成です」

自分の名前入りで言われると、言われた人は自尊心が満たされるので、あなたに反対しにくくなります。

また偉い人の発言を引用しながら自分の意見を言うと、真っ向から反対しにくくなります。これは心理学で言うハロー効果（後光効果）が働くためです。

発言の要約はすぐにできることではないので、日頃からテレビの討論番組などを見て鍛えておくといいでしょう。

② 賛成か反対か表明して一言ほめておく

「プロジェクトは、社の売り上げに直結していて賛成します。素晴らしいと思います」

あるいは、個人名を入れてもよいでしょう。

「鈴木さんのアイディアは手軽に実行できるので、さすがだなと思いました。賛成です」

反対意見でも、ほめ言葉をつければ、あまり抵抗がありません。あがりやすい人は、あからさまに反対する勇気が出にくいものですが、一言「さすが」「自分にはそんな考えは思いつかない」などという類の言葉を加えてみるのです。

「現状では予算面から残念ながら反対します。ただ、なかなか思いつかないことなので、発想力がすごいと思いました」という具合です。

自己主張したり、あからさまに言い切るのは、あがり症の方の苦手なところです。ただ煮えきらない態度でいるよりも、立場をはっきりさせて、すかさずほめるのなら、悪印象にはなりません。「あの人は自分の意志をもった人間だ」と周りに思わせることもできます。

大人数の前で話さないといけないプレゼンや説明会、ここに注意しよう

プレゼンでは、スライドなどの視覚資料を見せて説明することがあります。しかし、自分は視覚資料をずっと見ながら説明しない。これが基本です。

スライドから目を離さずに説明に熱中してしまうと、相手との一体感や、コミュニケーションをとっている感じがしなくなります。少なくとも話すときには相手の方を見ることが鉄則です。

テレビのアナウンサーはニュースを読み上げるときに、原稿から目を放してテレビカメラに目を向けて話します。同じように、話すときは必ず相手の方を見て話しましょう。視覚資料に目を向けるのは、中身をざっと確認する数秒くらいにして、確認がとれたなら、極力相手・聴衆を見ます。

まともに目を合わせなくても、相手に顔を向けます。スクリーンやスライドではなく、人に目を向けるのは、視覚資料を使って話すときの鉄則と言えます。

自分がパッと目を向けて確認できないスライドなら、スライドの中身に問題ありです。一枚のスライドには一つのメッセージを、文字を多くし過ぎないよう心がけましょう。

また、大人数の前で話す機会となると、商品の説明会、企業の応募者への説明会、また企業によっては住民への説明会などもあります。

始めに知っておくこと、意識すべきことは説明会の目的です。短期的なゴールといってもよいでしょう。ここを忘れてしまいますと、ただ弁舌さわやかだけれども、中身のない話となりかねません。それぞれの目的についてまとめてみましょう。

商品の説明会の目的はたいてい次のようなことです。

商品の説明会

↓

（目的）商品を購入してもらう

もちろん、その説明会を聞いただけで、すぐその場で、というのではありません。ただ購入してもらいたいという意識なしに、ただ説明するのでは、あなたが話す意味がありません。パンフレットを読めばわかることです。なぜわざわざ説明会であなたが、時間をかけて説明するのか、時間を投資してもらって集まってもらうのか考えなくてはなりません。

次は企業の採用募集の応募者への説明会の場合です。

企業の応募者への説明会

↓

（目的）応募してもらう

企業の応募者への説明会は、結果がでるまでに時間差があるものです。説明会で即応募というよりも考えて決断するまでにはかなり時間がかかります。

ですので、目的はまずは応募してもらうことでしょう。応募したらこんなに夢がありますよ、将来こんないいことが味わえますよ、という説明を丁寧におこないましょう。

左脳的な数字、データのみではなく、右脳的なイメージ・空想・想像力にも訴えかける説明をしたいものです。

年収いくら、休暇は何日、保養施設はどこ、などというような事実だけですと、説明会をする意味がありません。

「自由な時間がウチにくれば他社よりもずっと持てます。フレックスな出社ですから、午前中に語学を学んでいる人もいます。ボランティア活動で時間を世の中のために使っている社員も多くいます。もちろん何か困ったときは相談にものってくれますし、夢がある人は大歓迎です」

ただ事実、データだけを読み上げる説明ではなく、説明会の目的を自覚しそれを内容に盛り込んで、応募者が会社の雰囲気をイメージしやすいような話をすることに努めましょう。

最後に住民への説明会の目的です。

住民への説明会

↓

(目的) 誤解を取り去り、協力してもらう

私は何年にもわたり、地域住民への説明会を、ある公的団体で指導していました。

住民への説明会の目的は、まずは住民に理解してもらうこと、最終的には目標は協力してもらうことです。

理解から行動につなげるには、やはりコミュニケーションを良くするのが基本。それには他の説明会同様に時間はかかります。

まずは、全部を決めるのではなく対話、相談をして「参加した」ということを味わってもらうことです。

そのうえで、「御意見を十分に加味し、熟慮してこのようになりましたがいかがですか？」という形で対話型の説明を心がけましょう。

実際に対話するには質問が不可欠です。

「おわかりいただけましたか」

「ここまでで何か質問ありますか？」

相手に理解してもらえたかどうかという確認の質問を、他の説明会以上に注意深く、そして多くしながら説明をすすめましょう。聞き手との一体感を出すことを忘れないことが大切です。

第4章

［3日目］

著名人から学ぶ「いいスピーチでしたね」と言われるポイント

スティーブ・ジョブズの伝説のスピーチ

まず最初に、スティーブ・ジョブズのいわゆる伝説のスピーチをとりあげます。

2005年にスタンフォード大学の卒業生に向けたジョブズのスピーチです。

「自分は大学を中退したので、大学の卒業式に出るのは初めて」

とジョブズは軽いジョークから話を始めます。

話を聞く大学生にすれば「あのジョブズは中退で、自分は卒業生か」と軽く優越感をくすぐられるとともに、彼に対して親近感を持ったことでしょう。

そして彼はスマイルとともに、そう話しました。**ジョークやスマイルは緊張をほぐしてくれます（反対に話し手があがっていたり、過度の緊張にあったりすると聞き手も緊張してしまいます）**。彼のスマイルには、大学生の緊張をほぐすという意味もあったはずです。

ここでポイントにしたいのは、ジョブズの話の構成です。

「今日は3つの話をします」

と彼は次に宣言しました。あくまでも、上から偉そうにならないように、たいしたことはない、ただの3つと加えて。謙虚な人柄ですね。

3つにまとめることは、第5章・4日目のところで詳しく説明しますが、構成の定番です。しかし、このときのジョブズは変化球を入れました。

オーソドックスな構成で話すなら1番目から3つのポイントをすべて伝えます。

「1番目は○○。2番目は△△。3番目は××についてです」

というようにまず手の内をさらけ出すのが定石です。自分が何を話すかはじめにわかってもらった方が、話を理解してもらいやすいからです。

ところが実際には「最初の話は点をつなげることです」と話して、2番目と3番目の内容には触れずに話に入りました。

プレゼンで新商品の説明をするなら、わかりやすさが最優先されます。普通なら、3つのポイントを先に話すでしょう。

しかし、彼はそうしませんでした。一体なぜなのでしょうか。詳細は次項に譲りますが、ここにこのスピーチが「伝説の」といわれる所以《ゆえん》があるのです。

スティーブ・ジョブズの伝説のスピーチは変化球

ジョブズがあえて、わかりやすさを捨てた理由は何でしょうか？ 私は3つの理由があると考えます。

理由① 先がわからない期待感、ドキドキ感

残りの2つは何だろうかと聞き手に考えさせることは、不安を与えるばかりではありません。次は何だろうというワクワクや期待感もあります。それが聞き手を自分の話に惹きつける力にもなってくれます。

理由② 考えながら聞かせる

聴衆がつまらなそうにしていたり、話に集中しなかったりするのは9割方、話し手の責任です。構成がしっかりしていないから何を話しているのか不鮮明、話し方が単調で眠い、どうしても伝えようという熱意不足などです。

まれに、聴衆の体調が悪いとか、嫌なことでイライラしているなど、話し手以外に原因があることもありますが、それであっても、話に引き込むことは不可能ではありません。

現に、ある商工会議所で、私が高校や専門学校を出たばかりの聴衆を相手にしたときのことです。不良っぽい子が多く、茶髪も3割くらいいました。とても話を聞いてくれるような雰囲気ではなく、地面にしゃがみ込み、いまにもくわえタバコでもしそうでした。

そこで私はとにかく導入で心をほぐそうと、ペアで話をさせたり、ゲーム的なことも取り入れて、能動的に話に参加させ、考えさせるようにしました。まず前の方から、熱心な聴衆が増えていき最後には握手にくる子もいたくらいでした。

ジョブズもまた自分の話すテーマについて、聞き手自身にも考えさせるために、他のポイントについては話さなかったのでしょう。

理由③　重いテーマへ導くため

当時のジョブズはがんを宣告されて、大手術で復活したばかりでした。自らの死まで覚悟しての生還でしたから、人生に対しての覚悟が全然違いました。そしてこのスピーチのなかで、彼が最後に伝えたい重いテーマがあったのです。それは「死」についてです。

しかし定石通りの話し方では、あまりにもビジネスライクになってしまって自分の伝えたい重さが伝わらない。そう考えて、あえて変化球で1番目は「最初の話は点をつなげることです」といって、他のポイントを話さなかったのです。

ちなみにジョブズが最初に発した「自分は大学を中退したので、大学の卒業式に出るのは初めて」という言葉は心理学でいう自己開示のひとつです。自分のことについて話すことで、聞き手にとっては「あなたともっと仲良くしたい」というメッセージになります。

ジョブズもまた自らの生い立ちに話を進めます。

複雑な家庭環境で育ったこと、リード大学ではカリグラフィ(飾り文字)に夢中になっていたということ、それがのちのMacに、他のパソコンにはない美しいデザイン性をもたらしたことなどを話しました。

Macという「点」とカリグラフィという「点」が、そのさきつながっていくとはジョブズ本人も予見はしていなかった。ですから、今やっていることが、点と点が将来つながると信じて歩きましょう、という話をジョブズはしたのです。

これから社会に出る卒業生には最高の贈る言葉でしょう。

スティーブ・ジョブズの伝説のスピーチは、まとめで3回繰り返した

伝説のスピーチは2番目のポイントに移ります。2番目の話は「愛と喪失」の話です。このテーマじたい一体どんな話なのだろうと、思わせるものでしょう。

ここにもスピーチのポイントがあります。

当たり前の話ですが、世の中に失敗しない人はいません。

つまり、喪失や失敗の経験を自己開示することは、成功した話を語るより圧倒的に共感を得やすいのです。

友人と2人でガレージからスタートしたアップル社は、4000人の従業員がいる20億ドル企業にまで至ります。しかし自ら起業して成長させた会社を、ジョブズはクビになってしまうのです。

ジョブズは自問します。確かに自分は愛する会社と仕事を失ってしまった。しかし仕事に対する熱い思いや愛まで失ったわけではない。そこに気づいたジョブズは、失意から解

放されてまた仕事を始めます。

それからのジョブズは、自由に発想してNext社、Pixar社を立ち上げます。奥さんになる女性との出会いも、その時期にあったそうです。

やがてアップルがNext社を買収するという驚くべき出来事があり、ジョブズはアップルに復帰しました。安易に落ち着いたら、絶対にあり得ないことでした。

ここのスピーチの2番目のポイントから学べることがあります。**ジョブズのいいスピーチの組み立ては「失敗談・失敗体験＋教訓」という流れになっていることです。「失敗のあとの成功体験・成功談＋教訓」といってもよいでしょう。**

つまりは、教訓のあるいい話というのは、その前に自分の体験を話すと、説得力が高まるといえましょう。

3つ目が「死」についての話です。この伝説のスピーチの1年前に、ジョブズはがんで余命3～6か月という宣告を受けました。

話す概要を最初にすべて説明しなかったのは、これも理由のひとつだったのです。卒業式というお祝いの席で死というのは縁起が悪いですからね。

当時、余命宣告を受けたジョブズは、内視鏡による精密検査を受けることになります。ジョブズの患部の細胞を切り取って顕微鏡で調べたところ、それは極めて珍しいことながら、手術で治せることがわかったそうです。手術はうまくいき、ジョブズは死の淵からも蘇りました。そして、自分は死に近づいたけれども、今後数十年は勘弁願いたいものだと話したのでした。

ムダに他人の人生を生きるな、教条的、ドグマにとらわれずに生きろ。一番大事なのは、自分の直観に従う勇気を持てとジョブズは言います。

最後にまとめとして、ジョブズは若き日のジョブズが鼓舞された言葉をくり返します。

「Stay hungry. Stay foolish.（ハングリーであれ、バカであれ）」

これはジョブズが若い頃に読んだ「全地球カタログ」という出版物の背表紙にあった言葉です。彼はこれを3回くり返しました。

「言いたい主張は繰り返せ」というのも、いいスピーチをするコツです。

ドナルド・トランプのスピーチ

トランプの人物研究については、『ドナルド・トランプ　強運をつかむ絶対法則』（青春出版社）で詳述しました。そこでは、トランプの話し方についてはまったく触れなかったので、本書で紹介しましょう。

自信を感じさせ、共感を呼び、説得力あるスピーチにする方法です。

トランプが大統領選を戦い抜いたスピーチには、大きな特徴があります。

選挙中はI（私）を強調していましたが、当選後はWE（私たち）を多く用いているのも見受けられます。共感を得るための主語の切り替えです。

そして次のような3つの特徴があげられます。

①シンプル

②わかりやすい

③力強く繰り返す

これらを、実際のスピーチを観ながら分析してみましょう。なお、サンプルは、2016年7月21日にオハイオ州クリーブランド、共和党大会での、指名受諾演説からのものです。

1番目のシンプルというのは、文章を単文にして短くするということです。これは2番目のわかりやすさにも通じます。書き言葉なら、接続して複合的な長い文にもできます。いわゆる重文です。しかし、話し言葉で重文を使うと、わかりにくいのです。

また**単文は、繰り返すことで暗示効果を持ちます。**

分野は違いますが、宗教家の説法でもこれはよく用いられます。私がアメリカにいたときに、キリスト教のテレビ説法をたまたま何度か観る機会がありました。

そこではFollow me（ついてきなさい、私に従いなさい）と繰り返し唱えたり——これはトランプも演説でよく使うIt's time（今がそのときだ）という表現が用いられていました。The end is near（終末・審判の日は近い）というような単文もありました。これらの言葉を繰り返すと、いつの間にか話に引き込まれてしまうのです。

私が、トランプの指名受諾演説でお気に入りのフレーズは I am your voice（私は皆さんの代弁者だ！）というものです。

これを英語で強くゆっくり大きな声で話し、ジェスチャーが入りますと、絵になるなと思いました。

このようなわかりやすいフレーズは演説の中で、多用されています。

「ヒラリー・クリントン氏の遺産がアメリカの遺産になる必要はないのだ！」というのは、Hillary Clinton's legacy does not have to be American's legacy と表現しています。

ちなみに、トランプがよく用いるレガシーやアメリカ・ファーストという言い回しは小池都知事を思わせますね。

なお、アメリカ・ファーストはこんな風に使っています。

Americanism, not globalism, will be our credo（アメリカニズムがグローバリズムでなく私たちの信条になるのだ！）

America first again, America first（アメリカが第一をもう一度、アメリカが第一である！）

日本語だと語尾は「です」の方が丁寧ですが、トランプの演説は力強く、「だ・である」

の方があっているかなと思いました。

中学生の英語でもわかるくらいのやさしい英語ですね。

①シンプル
②わかりやすい表現（Plain language）を使う
③力強く繰り返す

トランプはこの方法で人々の心をつかむのです。

これに加えて、次に述べる力強い印象を与えるジェスチャー・アクションで相手の心をとらえて離しません。

身体の動きはスピーチそのものではありません。ただ、スピーチには声の強弱やスピード、ジェスチャーとは切り離せないことを覚えておいてください。

ドナルド・トランプのスピーチに欠かせない「加圧アクション」

トランプの有名なフレーズは、アメリカを再び偉大にするというメイク・アメリカ・グレート・アゲインです。(Make America great again)

これをゆっくりハッキリと大きな声で言います。

さらに**腕を上から下に力を込めて下ろしていく「加圧アクション」をおこないながら声を出しますと、自信を感じさせることができます。**ガッツポーズもそうですが、手に力がこめられますと、本人の意志が伝わるのです。

J・Fケネディ大統領がよく用いていたのが、通称ケネディチョップというジェスチャーです。空手チョップで上から下に切り下ろすようにします。

これをしながら演説をしますと、自信・力強さが伝わるのです。この動きは、トランプにも見受けられます。ただチョップではありませんが。

加圧のアクションは鉄の女で知られたイギリスのサッチャー元首相や、小泉進次郎、父親の小泉純一郎元総理も多用していました。

トランプのジェスチャーは、スピーチのなかでここぞというときに、拳ではなく指を開いて上から下に力をこめて、腕全体を下ろすことをしています。

私たちは必ずしも、政治家の演説のように、自信や力強さをスピーチで示すことはないかもしれません。ただ、あがって緊張してしまうと、とてもじゃないですが自信があるようには見えないでしょう。

そのときにこの加圧アクションをとりますと、声にもメリハリが効くし、周囲にはあがっているようには見えません。なによりも、自分自身の内から力が湧いてくるのがわかります。**「あがったら、上から下に力をこめて手を下ろす『加圧アクション』が有効」といえます。**

これは逆もまた真なりであって、話に自信があり、話に熱が入ってきますと、自然にジェスチャーに力がこもり、加圧アクションがでてくるものです。

話法でみますと、トランプの話し方には自分で質問して自分で答えるという自問自答法が見られます。これは雄弁家と呼ばれる人が必ず使うものです。
例えば「今の日本に一番必要なのは何でしょうか？　そうですね確固とした政策です」

「人間関係で土台ともいえる大切なことはなんでしょうか？　それは相手の立場に立つことです」などです。

面白いもので質問されると相手は一瞬考えます。その後に自分の意見を述べるわけです。

トランプの例です。

「私が水責めを容認するかって？　容認するに決まっているじゃないか！」という具合です。

あるいはその変形で**相手に答えにくい質問をして、相手が口ごもっているうちに自分で発言するというテクニックも使っています。**

「主権国家だって？　君はイラクが主権国家だと思うのか？」

口ごもるCNNの記者に対してはっきりと、

「私はそうは思わない。イラクは実質的に存在しないのだ」

と質問をして自分で答える。あるいは質問型の話法ということもできます。質問を本当にしているのではなく、疑問形の話し方にしておいてすぐに話を続けます。

トランプのスピーチには、私たちがワンランク上のスピーチをするためのヒントがあります。

マイケル・サンデルは、質問をしながら相手を巻き込む

「白熱教室」で、日本でも有名になったのが、ハーバード大学で哲学を教えているマイケル・サンデル教授です。

一般には「難解」というイメージのある哲学というジャンルを、「わかりやすく表現する」のは、よい話し手だからできることです。昔から釈迦でもキリストでも、わかりやすい例えで、学問のまだ浸透していなかった民衆に説話を繰り返しました。

一方通行ではなくて、学生と対話型で講義を進めていくのも彼の特徴といえるでしょう。というよりも、本当に対話をしています。

人前で多人数を前に対話をするというのは、実際にはどうすると思いますか？　具体的には質問を多用していくことです。

しかし何百人という単位の学生と、どうやって対話しながら講義を進めていくのでしょう。このテクニックは、プレゼンや社内講師、会議で司会進行をあなたが任されたときに、

双方向の対話型ということで応用できるでしょう。簡単にまとめるとサンデル教授は次のような方法を使って話を進めています。

①質問する

↓

②挙手させる

↓

③答えをほめる

そのあとに、聞いた名前を盛りこんで話を進めていくのです。

①まず質問します

「線路に大岩が置かれていて、あなたが運転士だったとしよう。あなたが一人飛び降りれば助かる。ただし乗客は助からない。あなたが乗ったままだと乗客もあなたも助からない。ただ運転士としての責任はまっとうできるだろう。さて、君たちならどうする？」（設問

はサンデル風にした創作です）

②挙手させる

参加型にして、話の中で相手に行動してもらうのも、話を一歩通行にしないスキルの一つです。

従来の日本式の一方通行で、教授がいわゆる「30年ノート」を読むだけの事務的な講義とは違うでしょう。しかも手を挙げさせるのは、相手の名前を呼ぶためにもおこなっています。

③答えをほめる

「なるほど、飛び降りないんだね。いい答えだ。君の名前は？」

と、答えはイエスでもノーでも、どのような答えでも、まずはほめます。

今の場合なら飛び降りるであっても、いい答えだといえばいいのです。仮に「どちらでもない」「保留します」とか「運転を手伝ってもらい大岩をなんとしてでも避けます」というものが出たとします。そのときには「それはユニークな発想だ」とか「今までに出たことのない発想だね、いいよ」というように工夫してほめたらいいのです。

その後に名前を盛りこみながら「ジムの考えをきかせてくれないか」とか「理由を教えてくれないか」と名前を盛りこめばよいのです。名札がなくても、ちゃんと相手の名前を呼べます。

質問を盛りこみ、相手の名前を盛りこむような話の進め方は、いい話にするための、やり方の一つです。


ちなみに、**「ミヤネ屋」の宮根誠司氏のやり方は、出演者に対して「それではハイ、田中さんどう思いますか」という指名はしません。**

これですとあらたまった感じになり、司会者が質問して答えるというパターン化した感じになりがち。そこで宮根氏がやっていますのは、「それでＴＰＰですが、田中さんね……」「盛土はしてないという、井上さんは……」と会話の中に名前を入れるという話法を使っています。

さて、改まって指名でなく会話に名前を入れて発言を促すやり方は、昼の番組の「バイキング」で司会の坂上忍さんも使い出しました。研究しているなと思います。

孫正義のスピーチ

孫正義氏や、ビル・ゲイツはビジネスの成功者です。ただ、プレゼン・スピーチの仕方そのものは、スティーブ・ジョブズとはもともとの素質が違います。

わたしはスピーチドクターとして、多くの人のスピーチ・プレゼンを見聞きしてきています。孫さんのプレゼンについては、以前に研究し、本を書いています。私が気づいた孫さんのスピーチの特徴についてお話ししていきましょう。

①話法に工夫する

ある雑誌社主催の集まりで、孫正義氏の講演を聞いたことがあります。孫さん自身が、存在がカリスマなので、話すだけでもファンは満足です。が、あえて話し方に関して述べます。

「私は日本の底力を信じています」というのは普通の文章で特別に印象には残りません。「私は信じています」とここで孫さんは間《ま》をおきます。聴衆の注意をひきつけて「(孫さんは）何を信じているのかな？」と思わせました。

そして、十分にためておいて、「日本の底力を」とつなげました。

これで印象に残る話、いい話になりました。もちろん構成をしっかりしていましたし、もともと何を話すか、に聞き手は注目しているせいもあります。しかし、何年経っても私が記憶に残っているくらいで、**絶大なインパクトがあります。倒置法には。**

話法のひとつとして、話の要所で倒置法を使うことは、強烈な印象を残します。

②ショーアップする

他には、オープニングで音楽を流したり、ライトアップしたりと演出が巧みでした。

私たちがスピーチをする際には、そこまでの必要はないでしょう。

ただし、「今までで一番びっくりしたんだけど」「思わず涙してしまった話がある」「感動的だけど」というように言葉で盛り上げる工夫はしてください。

一般には面白い話をしますと言ってから笑わせるのは、タブーとされます。しかし、あなたの目的は「いい話だった」と聞き手に言わせることでしょう。むしろ**どういう話をするのかを口に出しておいて、ハードルを上げておくのも、ひとつの手です。**

究極は「これからいい話をしますよ」と宣言してしまうことです。

③変化をつける

昔の雄弁術には、怒濤波返しと呼ばれるような、びっくりするほどの大声を出したかと思うと、そのあとにささやくように小声を出す。大波のあとは潮がサーッとひくようにメリハリのある話し方が、奥義の一つとしてありました。

今でも話の上手い人は、業種、話の種類に関わらず一本調子では話しません。

私の研究によれば、話し方には大きく二つのタイプがあります。**一つは「アップ型」。これは全体として熱が入り大きな声のインパクトあるメリハリが特徴です。**ジョブズの新製品発表会などはこの型に入ります。

もう一つが「リラックス型」です。肩の力を抜いて自然体でフレンドリーに話しかけます。孫さんや安倍総理はどちらかというと、このタイプです。ですので、びっくりさせるような大声でのメリハリはつけにくい。そこで、どうするか。

大きな声を出してのメリハリの代わりに、変化をつけて話を印象づければいいのです。先の倒置法で話すのも、ショーアップするのも、変化をつける方法です。

スピーチ能力をアップさせる習慣とは？

さらに付け加えると、スピーチの巧い人は歩きながら話すなど、身体の動きをうまく取り入れてスピーチをしています。

ちなみに、緊張しやすい方は、身体を動かす前後の動きや、ジェスチャーを入れますと、表情も豊かになり、リラックスできます。

さて、孫正義氏も先のジョブズのスピーチやプレゼンも、YouTubeの動画でいくらでも見られますし、研究できます。いい時代です。

いい話をするために、日頃心がけたいことをいくつか挙げておきましょう、習慣にすると、あなたのスピーチ能力はワンランクあがりますよ。

①ラジオを聴く

もちろん音楽ではなく話を聴くのです。対談ですとか、インタビューなど、スピーチで使えるネタが面白いほど入りますよ。テレビでのトークは映像やテロップでごまかせますが、ラジオは黙ってしまうと10秒でもアウトです。話が勝負ですから、聴くことで勉強になるのです。

なかには反面教師で、聴きにくい、わかりにくい番組もあります。なぜわかりにくいのか？　などを考えながら聴くのも学びです。

テレビでは、本来耳が不自由な方の理解度を助けるはずのテロップが多用され過ぎています。その弊害としまして、話を聴く力が衰えています。使わないと衰えるのは、筋肉だけではありません。

聴く力が衰えますと、人を理解するのも、プレゼンで前のプレゼンターの話を引用するのも、ほとんどできにくくなります。

②SNSを意識して使う

話を短くまとめるトレーニングとしては、１４０文字という制限のある中で考えをまとめるツイッターはオススメです。LINEのスタンプを探して使うのはイメージ・映像の右脳のトレーニングにもなります。

さらに、コンパクトに中身をまとめる練習として、Yahoo!ニュースの一行をパッと見て理解するのも良い方法でしょう。新聞の見出しだけを見て理解するのも同様です。

③話に色やオノマトペを用いる

話は、絵を描くようにといいます。「空が」というより「雲一つない真っ青な空」。「ヨット」というより「真っ赤な船体のヨット」というほうが相手が脳内で絵にしやすいのです。「ザーッと雨が降ってきた」「驚いてドキドキした」「グングン伸びて」というような擬音語、擬声語は話を鮮やかに、印象深くしてくれます。

ただし使い古された表現では、いいスピーチになりませんから要注意。バケツをひっくり返したような雨とか、今は東京ドーム何個分というのは、わかりやすいというよりも、「またその言い方か」に近いでしょう。

第5章

［4日目］

もう悩まなくていい！ 自然といい話になるスピーチの構成

いい話をするには、やっぱり何を話すかが大切

映画やテレビ・舞台で、役者・俳優さんが仕事依頼で真っ先に見るのはなんでしょうか？
それは台本です。つまり作品の中身でありストーリーなのです。表現の仕方、伝え方はあくまでもそのあと。

一流ほど、台本をじっくり読んで、役が適役か、興味をひくかどうかの決め手にします。このことは、実はいい話ができるかどうかでも同じことがいえます。

面白い話をする「お笑い芸人」も同じです。

一見思いつきで面白く話しているようですが、彼らがそのようにできるのは、ネタがあるからです。これは俳優の話でいう台本と同じです。

何を話すのかという中身がなくては話せないのです。それが証拠に、台本、ネタのない生放送などでは黙っている芸人は多いのです。アドリブがきくかどうかは、個人の資質によるでしょう。

さて、スピーチにおけるネタ、台本はなんでしょうか？　それは、構成です。

ここをおろそかにしますと、ただ言葉を空中に投げ出すだけの、無味乾燥な話にしかなりません。４日目の始めにおさえたいのは構成の大切さに気づくことです。

私はこれまで話し方をテーマにした本だけで何十冊と書いてきました。スピーチドクターとしても長年活動してきました。その経験からいっても、いいスピーチをするには「すぐに使える話法」だけでは不十分です。

「いい話でしたね」と本当に周囲をうならせるくらいの話をしたいなら、土台である中身、構成を始めにしっかり作ることが肝心です。

そこが理解できたなら、あなたがいい話ができる確率がグーンと高くなります。これは、闘いでいえば戦略にあたるものです。

話法というのは、その次の戦術であり、戦略実現のための手段なのです。これを忘れてはなりません。

そうでないと「今日はあの話法がうまく使えた」「この話法は、あまり効果なかった」と一喜一憂するだけで、いい話をするまでに至りません。

「何を話すのか？」「どういうストーリー展開なのか？」という、このツボを先にしっかり押さえれば、あとは話法を使って、さらに話に磨きをかければよいのです。

大統領でも、政治家でも話法を用いるのは本人です。話し手です。しかし、構成はスピーチライターが必ずおこないます。

あなたは、あなた自身のスピーチライターなのです。といっても役者のように長いセリフを覚えるのではありません。あなたは、それほどムリしなくてもいいのです。

少なくとも、緊張しやすい、ときにはあがってしまうあなたがいい話をするわけです。それには、何を話すのかがハッキリしていることが不可欠なのです。言葉を変えますと、スピーチの話の順番です。

いい話は、あくまでも何を話すのかが一番であり、どのように話すのかはその後のことなのです。

デール・カーネギーもいうように、話の原動力はどうしてもこの話を伝えたいという「熱意」です。熱意をもってスピーチするためにも、あなたは何を話すのかという順番を、まずはハッキリさせなくてはいけません。

依頼、提案、営業、会議で使える、事実から入るスピーチ

いいスピーチの条件は、まず何といってもわかりやすいことです。聞いていて理解しやすいスピーチは心に響きやすいものです。

プレゼンテーションの現場では、スライドなどを使った視覚資料は不可欠でしょう。しかし、視覚資料がなくても、いくらでも、わかりやすく、心をうつスピーチは可能です。先ほど紹介をしたジョブズの伝説のスピーチまでいかずとも、「いいスピーチだったな」と思われることは十分できます。

そのための第一歩が、スピーチの流れ、順番をしっかり組み立てることです。何回も繰り返していますが、とても重要で意外に見逃されがちなのであえて強調しています。

話法の前に「何を話すか」「どういう順番で話すのか」は決めておくこと。長さのあるスピーチなら、特にそうです。

ではどういう順番か？　ビジネスでも使え、結婚式のスピーチといったプライベートでも使える汎用性のある構成を1つご紹介しましょう。

私はこれを「事実から入る構成」と呼んでいます。

①明らかな状況、事実の説明
②意見、自分の考え
③提案
④得られる成果

という流れでスピーチの流れをまとめるのです。これは、特にビジネスシーンで力を発揮する構成です。

スピーチとは少し違いますが、わかりやすい例として1つあげましょう。まずは実際に私がある編集者にプレゼンされて「うまいな。事実から入る構成になっているな」と、後から分析して気づいた話です。

「松本先生、今年に入りまして4人の著者から印税を下げてくれといわれました」

これがはじめの事実なのですが、私は意外でした。

といいますのは、著者が上げてくれならわかりますが、自ら下げてくれとはまずいわないからです。それで聴く気になったわけです。その後、意見はこうです。

「広告宣伝費が、以前のように使えなくなってきました。しかし、費用をかければそれだけの効果はあると思うんです」

これは確かにその通りです。

そこでいかがでしょうか、と編集者から提案がきました。

「申し上げにくいのですが、初版印税を△パーセント下げていただけないでしょうか？その分を広告宣伝にうまく使おうと思います。重版がかかりましたら印税は戻します」

悪くはない提案でした。

まだ今ほど初版の部数が抑えられていない時代でした。結局最後に私は「わかりましたNさん、今回印税を下げてください」と言ってしまいました。おそらく彼は頭がいいので、次回の著者に会うときには「今年に入って5人の著者に」ということでしょう。ちなみに、Nさんというのは本書の編集者ではありません。

さらにいくつか事例をあげますので、実際に使う際の参考にしてください。

事実から入るスピーチの具体例

では、この構成の実例をもう少し見てみましょう。先の私の事例は仕事バージョンでしたから、今度はプライベートです。スピーチというよりはお願いごとの事例なのですが、ご紹介します。

細部は変えてありますが、基本は研修の中で受講者に作ってもらったほぼ実話です。

これは夫婦で同じ製造の会社で働いている方です。結婚までは、同じ工場で同じ部署でしたが、結婚後にご主人は管理部門に移り、仕事の時間も奥さんと同じではなくなりました。

シフトで遅くなったので奥さんはご主人に車で迎えに来て欲しいのです。が、うまく話さないと「ゴメン。飲み始めたから」などと適当に理由をつけて断わられてしまうでしょう。

① 状況、事実の説明

あなたも知ってると思うけど、最近工場の近くで不審者が出没しているみたいなんだ。それが、雨の日で夜10時過ぎがほとんどらしいの。今晩残業して今10時半で、しかもさっきから雨が降り始めたよね。

②意見、自分の考え

ちょうど不審者の出る条件に当てはまったみたい。私としては安心できる帰り方がしたいんだよね。

③提案

もう家に着いて、ゆっくりしているのに本当にゴメン。ナントカ車で迎えに来てくれないかしら？

④成果

そうすればあなたも安心できるし、私も安全確保できると思うの。

まあ、100パーセントとはいかずとも、迎えにいく人が多いでしょう。これは、他の受講者からも、良くできているとして拍手が多かったものでした。

次も印象に残ったものです。

作られたのは30代の男性です。ボーナスの季節で、車の買い替えを奥さんに提案するものです。

これも、細部や数字は仮のものですが、その方のほぼ実体験です。

① 状況、事実の説明

昨日の日本経済新聞の記事なんだけどさ、車が事故を起こしやすくなるのは、走行距離が15万キロを超えてから急に多くなるんだって。お前も知っているように、この間15万超えたよね。

② 意見、自分の考え

子供を乗せたり、お前も一人で買い物に使うよね。自分としては、安全が一番と思っているんだ。

③ **提案**

なので、どうだろうか。次のボーナス、車の買い替えに使わないか？

④ **成果**

そうすれば安全に、安心してこれから運転できるだろ。

これをいきなり、今度のボーナスは車を買い替えようとやると、「海外旅行に使いたかった」「子供の教育費に」などと、奥さんから反論されやすくなります。

ビジネスでは結論を先にといいますが、構成としては、事情を説明してからの結論というこの話法にした方が、反論されにくいこともあるのです。

プレゼンの例ばかりになってしまいましたが、スピーチの例においても「事実から入る構成」はもちろん有効です。

事実から入るスピーチの注意点とは

実際に、この構成法を使ってもらい、ぜひ成果を体感して欲しいと思います。

そのときの注意点があります。ひとつは、前述しましたように、**会話の中で今自分は4つの流れ（①状況、事実の説明、②意見、自分の考え、③提案、④成果）の中で、どの位置にいるのか、現在地を把握しておくということです。**そうしないと、同じことを繰り返したりして、説得力のない話になってしまいます。

サンプルでは、事実から入る話法の大きな流れを示したので、細かな相手の言葉や反応までは説明しきれていません。話が長くなりそうなときには「今は②段階での対話中」とか「③で質問を受けているのだ」というように意識しましょう。

例えば、商品の値上げの件では、結論を先にいうのは必ずしも得策ではないですね。「本日伺いましたのは値上げの件です」と口に出した途端に嫌なムードとなるのはおわかりでしょう。

私の例でも「印税を△パーセント下げて欲しいのです」といきなりの結論では、納得できなかったでしょう。人は嫌な報告は、もともと聞きたくないものです。

つまり、相手にとっての嫌なニュースを伝えるときには、この構成を積極的に使うべきといえます。ここで結論から先にいうと、ボーナスで車買い替えの事例のように、いくらでも反論がしやすくなります。

商品値上げをしたいと提案する場合のケースで、この構成の例を挙げておきます。参考にしてください。スピーチでもビジネスでも使えるという例です。

①状況、事実の説明

原材料が高騰しておりましてAは20パーセント、Bは23パーセント、Cに至っては35パーセント、値が上がっています。

②意見、自分の考え

ここで価格を維持するのか、品質を維持するのか考えました。結果、私どもとしましては顧客のために、品質を維持することを優先する路線で行くことを決めました。

③ **提案**

そこで3か月間、22パーセント値上げを試験的におこなうことに同意いただけないでしょうか？

④ **成果**

そうすれば、人気商品が安かろう悪かろうという悪評を得ることもなく、さすが品質を第一に考える良心的という評判も得られるでしょう。

どうでしょうか？　いきなり値上げの件でと話すよりはるかに、主張にも説得力が出るでしょう。また、いらぬ反論も受けずにすむのです。

「前例がない」「時期尚早」「もう少しの辛抱」「他社の反応を見て」等といったことは、この話法で説明したあとでは出しにくいのです。

この流れの場合、**自分の意見・主張の部分に大義名分が入ると、なかなか相手は反対しにくいのです**。今の例なら品質第一については、違うとはいえないでしょう。

他にも、全社的に見て、環境のために、信用第一、顧客満足度といった言葉を錦の御旗に立てますと、かなり自分優位に立てるのです。

本書では、ビジネスの例を多めに紹介しています。一般のつまりプライベートのスピーチでは、もっとカジュアルに話しますが、事実を先に持っていかないとうまくいかなくなります。

「今日は中華にいきたいな！」と意見を先に話したとします。「私は中華、嫌いなんだ」「イタリアンで良くない？」などといくらでも意見には反対できます。

「この前は和食とフレンチだったよね？」という事実の確認には「そうだね」とイエスとしか言えません。これは相手に賛同させるイエステイキングという心理的なテクニックです。反論しにくいのです。しかも、事実を冒頭に言うだけなので、難しくはありません。

「じゃあ、バランスをとって今回は中華では」「最近はあっさりしたカロリーオフのメニューもあるよ」「僕はあの店の小籠包大好きなんです。オススメです」というように、事実さえはじめに述べたなら、必ずしも複雑に①～④まで流れを作らなくても大丈夫です。

他にも、あなたのスピーチに当てはめて考えてみましょう。

SDS構成は、いいスピーチをするための基本中の基本

話というのは、いきなり詳細な話に入ってしまいますと、聞き手が戸惑ってしまいます。

「いったいこの人は何の話をしているんだろう？」となるのです。これではとてもいい話とは思われません。

いい話の大前提として、相手に理解されなくてはならないのは自明でしょう。

「日曜日は面白かったよね？」

「例の件ですが」

「この間のアレですけども」

このような話し方をする人は、少なくありません。しかし相手はあなた自身ではないので、そう言われても何が何だかわかりません。言葉に困ってしまうでしょう。

もちろんスピーチの始まりがこれでは、困りますね。

ですから、**スピーチでは全体を示してそれから細部に入ります。最後に再び全体で言い**

たかったことを繰り返します。これがSDS構成です。31年前から、私も繰り返して教えてきた基本中の基本のスピーチ構成です。しっかり押さえてください。

一番わかりやすいのは、テレビのニュース番組でしょう。

いきなり「本日未明、亀有で火事がありました」などとはしません。

「本日の主なニュース項目です」と主要なニュースを紹介します。

このときは、タイトルのみで、詳しいことはそのニュースの「順番」になったら、詳細に述べます。

今の例なら、時刻や負傷者、原因などはそのときです。はじめにその話に深入りしたら、その日に取り上げるニュースは何があるのか、わからないでしょう。

S　SUMMARY　まず全体、要約です。

D　DETAILS　そのあとに詳細。細かく。

S　SUMMARY　最後に全体、まとめ。

という流れで話します。

この構成で話すと、とてもわかりやすくなります。

言い方を変えると、

①これから何を話すかを伝える
②実際に話す
③何を話したかをまとめる

という流れで話すことです。


SDS構成の中でとてもよくつかわれる形があります。

それはポイントを3つにまとめる構成で話すことです。

「本日お話したいことは3つあります。1つ目は……。2つ目は……。3つ目は……」というように3つを示してから個別に細かく話していきます。

応用として「3つあります」のあとに、いきなり話に入る構成もあります。

相手は3つが何なのかわからないで聞くのでわかりにくいですが、期待して聴かせることはできます。

これは、先に触れましたジョブズの伝説的なスピーチの構成です。

3つにまとめて話すメリットは、話し手であるあなた自身が、何を話しているのか「迷いにくい」ことがあります。

誰かと話をしていて途中で「エート、何の話をしていたんだっけ」となった経験はありませんか。これは、いきなり細部を話したり、脱線し過ぎると起こりやすい失敗です。

はじめに3つの柱を提示しておくと、聞き手のみならず、話し手も迷うことなく話を進めていけるのです。

うまい！　といわれるいいスピーチを話すためには、SDS構成を使い、わかりやすい話にまとめるのがいいのです。

昔話構成なら、5W2Hが明確になる

「この間山に行ってきたんだけど面白くて」
「日曜にドライブしたんだけど」
というようにして、話を進めていく人がいます。

いいスピーチをするには、このような細部をはしょる話し方は厳禁と思ってください。どこにある何という山なのか、誰とどこにドライブに行ったのか。いわゆる5W2Hがないと、相手は理解できないと思ってください。

いつ（When）、どこで（Where）、誰が（Who）、何を（What）、なぜ（Why）、どのように（How）、いくら（How much）というように細部を示すのです。私はこれを「昔話の構成」と呼んでいます。子供にもよくわかる流れです。

例えば桃太郎でも、浦島太郎でも出だしはどうなっていますか？

むかしむかし……「いつ」ですね。

あるところに……「どこで」です。

おじいさんとおばあさんが……「誰が」。

おじいさんは山へ芝刈りに、おばあさんは川へ洗濯に……「何を」。

というように話が続いていきますね。

その流れのなかで、鬼退治に行くというテーマが示され、犬やサル、キジといった家来が加わっていきます。

おとぎ話、昔話は誰でもわかりやすいようにできています。これが、いい話の基本です。

よく、わかりやすくするために起承転結をはっきりさせよ、と言います。これは言い換えると「構成のしっかりした話をせよ」と言う意味です。

すでにご紹介した「事実から入る構成」「SDS構成」「昔話の構成（5W2Hをハッキリ示す）」を活用していくことで、一般的にいう起承転結はかなり満たされます。

こんな話法も加えよう「自分の得意な話に引き込む」

いいスピーチというと、どうしても細かな話法、テクニックに走りがちです。例えば、断定的な言い方をしたら自信を示せるとか、数字は比較して示せというものです。

確かに「必ずこうなります」という方が、「たぶん可能性は高まります」というより一時的には自信を示せることは多いでしょう。

しかし、話をする場所によっては、断定してしまうとあとで問題が生じることがあります。どういった数字を選ぶのかにより印象は変わります。

「1位とはわずか2パーセントの差しかありません。2位ですが、期待がもてます」といっても、実は「3位も4位も似たような数字」ということもあるでしょう。実状を分かっている人がそれを聞けば、話した人に対して不誠実な印象を持つかもしれません。

つまり小手先の話法では通用しないということです。もっと言うなら、聞き手の態度は人それぞれです。

すぐに信用してくれる人もいれば、疑り深い人もいます。結局話法だけで話を進めようとすると、相手によって違う言い方をしなくてはならなくなるのです。そんなの、覚えるだけで大変です。

私も以前は、こういわれたらこのように返す、というような「応酬話法」、セールストークを指導していたこともありました。

しかし、いくら口先だけで言い負かしてみても、「いっていることはわかったけれど、私は買わない」と失敗に終わることが多いということがわかってきたので、そのアプローチは間違っていることに気づきました。

ですから今は、こういわれたらこのように話法を使う、というような対症療法的なことは一切教えていません。

ポイントをあげますと、まずは自分という人間をよく知ってもらうこと。これが大事です。具体的には、「自分もあがらずに話ができて、しかも相手があなたを理解してくれる話」をすることです。

例えば、自分の得意分野、専門分野の話をすること。いわゆる自分の十俵のスピーチにもっていくのです。

これだと、多少緊張したところで、気にはなりません。私もあがりを克服しようとしたときにはよく使いました。いまでも親しくしたい人には積極的に使います。それは、こんなテクニックです。

私は格闘技、武道、プロレスにものすごく興味があります。しかし相手はそうではありません。

それをいきなり、「タイガーマスクが……」とか、「グラップリングが……」などといっても変に思われるだけです。

しかし、話の流れがスポーツに向けば、さほど不自然でなく土俵に乗せられます。

「オリンピック、柔道、がんばりましたよね。誰か記憶に残る選手いますか？」と話しかけて、相手が答えたあとなら、私の話は受け入れてもらえます。

自分の土俵ですから、細かい話法など気にせずに楽しく話せます。たまに同じ趣味の人がいるとすぐに盛り上がります。これは、話す内容が、音楽でも囲碁でもテニスでもまったく同じなのです。

まずは質問する

←相手に話させる

←自分の土俵の話に持ち込む

あえて話法というのなら、質問をして自分の話に関連づける言い方を工夫することでしょうか。

もう一つは、あなたの十八番。おはこのネタ、いわゆる鉄板の話を何度も練習して、いつでも披露できるようにしておくことです。

つまり、どんなときもこの話なら絶対にウケるというネタは準備しておくのです。私はスピーチ指導の際には必ず「貯金ならぬ貯ネタをしましょう」と説いています。

いい話のできる人は、必ずいくつかの鉄板ネタを持っているものです。話すときにずっといい話である必要はないのです。ただ、これぞという鉄板ネタはいつでも話せるようにしておきましょう。このような話題を準備しているだけで、あがりはずいぶん軽減できます。

こんな話法も加えよう「完全に話さなくてもいい」

すでにおわかりのように、いい話をしたいのなら、中身、話の構成をしっかり考えるのが一番です。

極端に言いますと、どんなに個々の話法が優れていたとしても、構成がキチンとしていないと、何が言いたいの？　となってしまうわけです。

しかも、本書で対象としているのは、あがり症や緊張し過ぎのタイプの人、あなたです。なので、話法といいましても、「構成がきちんとしていてこその話法」という大前提を忘れてはなりません。**話法は未熟でたどたどしくても、構成さえしっかりしていれば、大丈夫。いくらでも人の心を動かせます。**

ところで、悪い話し方の例として、「立て板に水」があります。ペラペラとよどみなくしゃべっても、薄っぺらな言葉では人の心は打てません。

ただし、構成がしっかりできていれば、立て板に水のように話しても心に響く話になります。早口であっても、語尾をしっかり発音する。なおかつ言いたいことを自分でよく理解して話せば、相手にもわかりやすく伝わります。

話すスピードは人それぞれ。自分のナチュラルな話し方が、ゆっくりの人も早口の人もいます。それを活かして話すことが、いい話にも結びつくと考えてください。

あがり症・話し下手の人にとっては、会話することさえ緊張することも多いでしょう。スピーチとは直接関係ないですが、日々の会話が楽になる話法を2つ紹介しましょう。

①エコ話法

②質問＋オウム返し

まずエコ話法からです。昔はこの話法のことを私は「省エネ話法」と呼んでいました。自分からは余計なことを話さず、ポイントは相手に話させるので、エコなのです。

メリットは、緊張しやすい人は、あがらないで話せることです。

というよりあなたの話の続きは相手が話をしてくれるのです。簡単にできるというのはそういうことです。

例えば、氷点下になり、寒い朝に人と会ったとしましょう。
「いやー、本当に今日は……」と間をとりますと、必ず相手は「寒いですねー」と話を引き取ってくれます。少し感情をこめればそうなります。

年に200回ほど全国を廻って研修していた頃、私はタクシーに乗ると運転手さん相手にエコ話法を頻繁に試していました。すると必ずといっていいほど、相手が話を引き取ってくれました。このほか仕事の打ち合わせ、飲み会などさまざまな機会にも用いて成功している、実証済みの話法です。

エコ話法のヒントになったのは2つあります。ひとつは葬儀の場です。元気に力強く「このたびは、ご愁傷さまでした！」などと話す弔問客は一人もいないでしょう。「このたびは……」とボソボソと口にするのが普通です。私は、これは話すのが苦手なあがり症の人に応用できるのではないか、と思いました。

もう一つのヒントは、語学の勉強をしたときです。

一時韓国ドラマにはまり、字幕ナシで理解できたらいいなと、教科書片手に留学生から習っていたことがあります。

初級の教科書は、一つの文章を完璧に話すような内容です。例えば「東京都庁に行きたいのですが、どのように行けばいいのですか？」というような堅い言い方です。

もちろん正しい文の仕組みや多くの単語を学ぶ意味もあって、そうなっているのでしょう。これが上級に入ると、省略した言い方が入って、より実際の会話に近くなります。

今の例なら、「都庁に行きたいんですけども……」という具合です。

「どのように行けばいいのですか」は、あえて口に出さずに省略します。

そうか、最後まで言葉にしなくてもいいんだ。このときもあがり症の人には使えるかも、と思いました。

また、その方が自然で聞きやすい、ということがヒントになり、エコ話法が生まれたのです。

もちろんこればかりでは、いい話になりません。

しかし、**全部を完璧に話さなければいい話ができないと思いこんでいる人には、気分が楽になる話法となるでしょう。**

こんな話法も加えよう「相手の言葉を繰り返す」

次は質問＋オウム返しです。

「昨日大阪にいたんですよ」

「へー大阪ですか」

「夕方着いたんです」

「夕方に」

というように、**相手の口に出したことを、そのまま繰り返すのは楽でしょう。**

あえて話法とはいわないかもしれません。呼び方としてはオウム返しといいます。

昔はやまびこ法とかこだま法といったこともあります。山に向かってオーイと叫ぶと、オーイとこだまが返るのでそう呼ばれました。

簡単とはいえ使い方にはコツがあります。

普通の会話のなかでただオウム返しをするのでは、自然な会話にならないことが多いということです。

ではどうしたらいいでしょう？

自然な会話にするには、その前にあなたが相手に質問をしたらいいのです。

「お生まれはどちらですか？」

「長崎です」

「長崎ですか。長崎はどこですか」

「市内なんです」

「市内ですか」

こんな感じなら、自然でしょう。繰り返して会話が続きます。

あなたから質問して、オウム返しする。会話の潤滑油になりますので、ぜひ試してみてください。

ここで紹介した話法は、なるべくムリなく労力を使わないでも実行できるものです。あまり、難しく思わずに、試しに使ってみましょう。

一人リハーサルのすすめ

あがり症で、話し下手な人に、これだけは習慣にしてほしいことがあります。これからのあなたのスピーチ能力を高めるのには欠かせない習慣といっても過言ではありません。あがり症の本など見ても、あまり強調されていないので、私はここで強調しておきたい。

「一人リハーサルこそが、いいスピーチをするための要」ということです。そして「一人リハーサルなしに上達はない」と断言しておきましょう。

もしもスピーチに秘伝があるとしたら、一人リハーサルです。これが奥義であり、土台ということです。

アスリートにとっての走ることであり、野球のキャッチボールであり、やり方に工夫を加えたら変化球を投げるような応用にも通じます。

一人リハーサルのメリットを3つ挙げておきましょう。

① あがらないで話せる

② 時間のコントロール能力がつく

③ やり直しがきく

どんなにあがり症の人でも、その場に自分一人しかいなければあがりませんよね。

もちろん、本番をリアルに想定しておこないますと、緊張することはあるでしょう。しかし、それでも何十人が注目している、聴衆の視線が恐い、というようなあがりは生まれません。

これは、私だけでなくプレゼン、スピーチを指導してきた何万という数の受講者が立証してくれています。むしろあがらないで話すのには一人リハーサルは不可欠、といえます。

あがりやすい人は、リハーサル不足なのです。

ぜひ、一人リハーサルを習慣にしてしまいましょう。そうすれば、本番で安心ですし、自信をもって臨めます。これだけ練習してきたから大丈夫と思えるのです。

学生時代、まだ私があがり症を克服できていないときに、当時通っていた話し方教室でスピーチの大会がありました。200人もの聴衆がいまして、いつもの私ならできるはずはありませんでした。そこで私は当日までに300回以上一人リハーサルをしたのです。

当日は、ほぼ事前に優勝者は決まっていて、まさか初級の入りたての私が喝采をあびるとは誰も思ってはいなかったのです。

しかし、3分のスピーチのあと、本当にスタンディングオベーション。自分でもヤッタという実感、手ごたえを感じました。話す喜びを味わえたのです。残念ながら私はトロフィーこそもらえませんでしたが、「まさか自分がこんなに話せるなんて」という充実感を味わいました。

無冠の勝利でしたが、私にとってはプロへの道を歩み出す記念すべき日になったのです。

話が長くなりましたがそのくらいに一人リハーサルは、間違いなくあなたをレベルアップさせる力になります。あがらない状態で存分に練習できる効果は大きいのです。

ちなみに「トークの帝王」と呼ばれたラリー・キングは、犬猫や金魚というようにペットに話しかける練習も有効だと説いています。確かにこれならあがりませんね。

2番目のメリットは時間をコントロールして話せる力がつくということです。

他の本でも述べたことがありますが、私は教材を録画して作成するときも、ラジオ番組でゲストとして話すときも、基本的には時計を見なくても規定の時間内に話をまとめることができます。体内時計といいますか、一人練習を繰り返したおかげで、わかるのです。なによりも研修で、「ここは12分あるから、あのエピソードが話せるな」「14分だからあの部分を少し詳しく話そう」というコントロールができるのが便利です。

人前で話すとき、慣れないと時間が余ってしまうものです。あがって早口になったり、どこか話が抜けたりするのも原因です。

一人リハーサルを繰り返すことで、話の時間が身体でわかるようになるので、その効果は大きいのです。

3番目としては、やり直し、修正がきくことがあるでしょう。

いうまでもなく、本番であなたがいいスピーチができるのは、1回です。

仮に結婚式のスピーチでミスをしたとして「スミマセン、もう一度話し直します」ということはできません。

しかし、**一人練習でしたら、何度でも修正ができます。ここはちょっと長いから短く削ろうとか、エピソードを一つ入れた方がいいかな、というように完全に近くしていけます。**

やり直しながら、本番で成功すればそれで良いのです。

一人リハーサルはこうすれば効果抜群

一人リハーサルの効果をあげるコツをお伝えしましょう。これは、大切なスピーチの土台といえます。

これは私自身かなり試行錯誤、苦労していく中で身につけ、開発しました。ややもすると楽して得たものは簡単に失う。昔からよくそういいます。そんなふうにならないように、しっかり身につけていただきたいと思います。

ポイントは次の5つを守ることです。少なくとも、一人リハーサルが習慣になるまでは実行しましょう、

① 計測すること

私の必需品は、研修の仕事があるときもないときもストップ・ウォッチです。

今は長い時間一人リハーサルをすることはまずありません。それでも、全く新しいテー

マやネタですと、ストップ・ウォッチで計りながら、話してみます。そのとき何分で話せそうか予測して、リハーサルをするのです。

始めのうちはそこに誤差が生じます。リハーサルをくり返しながらこの誤差を縮めていくわけです。このときに自分の予測よりも話が長いほうが削りやすい傾向があります。逆に短かかったときには、注意してください。本番でとっさに長く話して調整するのは、かなり難しいと思いましょう。

②長くても一回15分以内にすること

これは、話し手も聞き手も同じで、人間そんなに長く集中できないものです。30分のスピーチなら15分が2コマ。1時間なら15分が4コマという形にしてリハーサルします。こうしておけば、聞き手は集中力が下がってくると、次のコマに移り、飽きることがないのです。

長いスピーチでは、私は一日に15分のコマを何回かリハーサルをして、最後に運動会の直前のように、まとめて長い時間リハーサルをするやり方をしていました。

③ 実戦を想定し、短くまとめるクセをつける

これは、時間感覚ともつながります。ビジネスでプレゼンをする場合は、持ち時間が必ず決まっています。そして、現実には急遽短くなることはあっても、長くなることはありません。

急に、偉い人のスピーチが入るとか、前が押してしまったので、5分しか時間がないということも起きます。自分の話を、いつでも短くまとめられるような練習もしておくことが大切です。

④ 本番と同じ状況でリハーサルする

「リハーサルを夜中に繰り返ししていた。でも、大切なスピーチは午前中」というのはあまり賢いやり方ではありませんね。

試合の時差ボケは避けなくてはいけません。これは、スポーツだけでなく、スピーチも同じです。理想は本番と同じ時間、同じ場所でのリハーサルです。

一人でおこなう場合を述べていますが、もちろん予行演習で相手がいて、反応を見なが

らおこなえればなおさら好ましいリハーサルになります。

初めてですと、緊張は高まりやすいのです。

よくホームタウン・デシジョンなどといい地元ビイキの判定があります。しかし、判定だけでなく地元であるほどに、その場での勝負を経験しているだけ有利なのです。本番と同じ状況で、一人リハーサルをくりかえしましょう。

もちろん、本番の会場が使えないこともあるでしょう。その場合、会場の広さなど、できるかぎり近い状況でリハーサルをすると、より効果が高まります。

⑤ 一字一句原稿は読まない

もしもこれを始めからしていたら、今の私の研修は成り立たなかったでしょう。原稿なしで、ポイントのキーワードだけ書いておき、中身は自分の言葉で話すことです。

原稿を読むクセのついた人には、私は原稿ナシのリハーサルを指導しています。

自分の言葉で話せない人の話では、人の心を打つことはできないと、しっかり記憶しておきましょう。

話すチャンスを自分から求める

緊張し過ぎる人、あがり症の人は、人前で話す機会があると避けよう、逃げようとするものです。

ヒドイあがり人間だったので、その心理は私にも良くわかります。しかし、それではいつまでも解決できないのはおわかりでしょう。

研修講師仲間にも、昔はあがり症で困っていた人は何人もいます。まあ、私ほどヒドイあがりの方はいなかったと思います、と、あがり自慢しても始まりませんが。

あがりからナントカ脱出したい、克服したいという思いは、人前で話すことなど夢のまた夢、という人くらいになると、モチベーションはかなり強くなります。あたかも、極貧の境遇の人が一念発起して大富豪を目指すように。

ルールを知って場数を踏む。熱意をもって。

これが、いい話をするためのコツです。

当たり前ですが、話すことなしに話が上達することはありません。ルールを知れば、効率は良くなります。

あなたのこれからすべきことは、場数を踏むこと。本書で私の説いているルールをよく理解して話す場数をこなすのです。

まずは逃げないこと。少しでもチャンスがあれば、「私がやります」「話させてください」と積極的に受けましょう。

まだしかし、それだけでは不十分です。

次は、自分から話す機会を作り出すことです。恐怖に打ち克つには、恐れていることを自ら実践してみることだと学生時代に読んだ自己啓発の本に載っていました。これは正しいと今でも思っています。

自分で集まりを主催して、まとめ役になり話さざるを得なくする。会議なら、すぐに手を挙げて発言していく。あらゆる場で少しでも話すことを義務づける。

まだどうしようもないあがり症だった時代から、私が心がけていたことです。すると面白いものであがりにも免疫ができてきて、あれほど嫌で逃げ出したかったことなのに、何とも思わなくなっていきました。もちろんあがり体質はいきなりゼロにはなりませんが、プレッシャーはかなり軽くなります。

さて、自分から場数を踏むようにチャンスを引き受け、作り出すとき、注意したいことがあります。それは、ただ場数を踏むのではダメだということです。

一回に1つのテーマを設けて話す。これが重要です。あれもこれもやろうとしても、結局は身につかないものです。

例えば「今日の会議では、事実から入る構成を使って提案をしてみよう」とか「次のプレゼンにはSDS構成で挑戦してみよう」というようにして、実践の場ということを一回1テーマを設けてチャレンジしていくのです。

さあ本書で、緊張をうまくコントロールして、構成を身につけ、うまい人のスピーチのエッセンスも吸収し、「いい話だった」とあなたの話の聞き手から称賛されるようになりましょう。

決して難しくはありません。理解して実践したなら、あなたは見違えるようになれます。

第6章

［5日目］

それでも本番で
あがってしまったときの
「とっさの秘策」

それでもあがってしまったらどうするか!?

ここまで述べてきた内容は、あがらないで堂々と話す知恵であり、方法でもあります。あがりの多くは、こうした手順をしっかり踏むことでかなりの部分、コントロールできるようになります。

いつもは行き当たりばったりで話してあがってしまう人でも、「構成を立てて話す」といった方法をつかんで事前に練習しておくことで、あがり予防になります。

病気になってから治すよりも、未然に防げるならいうことはありませんよね。同様に、過度にあがってしまってからバタバタするよりは、未然にあがらない仕組みを作るのが大切です。

とはいうものの、しっかり準備しても、もし本番で過度に緊張してしまったら……と不安になってしまうこともあるでしょう。私にもそうした経験があります。

そこで最後の章では、本番であがってしまったときのとっさの対応法を伝授いたししましょう。

これを知っていることには、お守りの効果もあります。「もしあがってしまっても、こうすればいいんだ」と考えるだけで安心でき、あがりのコントロールは容易になります。

あがりを強く感じたときにすぐにやるべきことは、前にも紹介しましたように、上にきてしまった身体に重心を下げることです。

①まずジャンプする

とっさにはまず、軽くジャンプします。意識としては、重心が下がっていくと思うことです。もし可能であれば、「重心が下がる」と唱えるとさらに効果がでます。

見られて恥ずかしい人は、**ヒザを軽く曲げてみるだけでも効果があります。**このときには、より強く「重心が下がる」と唱えたり、念じたりするのがよいのです。

②ゆっくり胸を左右に広げる

心が乱れているときの呼吸は、浅くなったり、速くなったりと、安定していません。ですから、昔の人は体験的に「あがったら深呼吸しなさい」と教えてきたのです。

ただし、強く吸うとますます緊張が増してしまいます。これは、とっさにあがったときには、致命的です。

緊張が強くなると、なかなか理性が働きにくくなるものです。深呼吸は日常的にトレーニングしておきましょう。そうするとあがりにくい体質になれます。

とっさのときには、本来の吐く息を長く強く。吸う息は自然に、です。しかし、これが意外と難しい。あがっているときは、呼吸もまた乱れがちです。

そのため、**呼吸を意識せずに、ゆっくりと胸を左右にひろげていきましょう。両肩を後方にもっていくつもりで、左右の肩甲骨をつけるように動かすとよいのです。**

動かせる限り肩を一杯までやりますと、元に戻すとき、呼吸は自然にハーッとなって脱力できます。ジャンプよりも見た目の違和感がないのも、この方法のいいところです。

1回もしくは2回で十分です。緊張感が軽くなるのが実感できます。あがっていない本書を読んでいる今、試してみても面白いですよ。

これさえ知っていれば、とっさにあがってしまっても大丈夫

③ 意識してゆっくり大きく動作してみる

堂々としてあがっていない人――あるいはそう見える人は、動きがせかせかしていません。それに大きなアクションをします。

両手を左右に広げてジェスチャーしてみたり、ときにはゆっくりと歩いたりすることもします。あがっていないから、ゆっくり大きく堂々と動くことができます。逆にいうとそういう動作がますます、緊張をときほぐしてくれます。

悲しいから泣くことはその通りでしょう。同じように泣くことでますます悲しみが加速されることも正しいのです。

つまり、**あがっていないように振るまえば、あがらなくなるのです。具体的にはゆっくり大きく動くことをしましょう。**

例えばゆっくり手をのばして置いてある資料をとってみる。レーザーポインターでプロ

ジェクターに図や表を指す作業をいつも以上に時間をかけてやってみる。スピーチ以外でも「ゆっくり大きい動作」で心は安定しますよ。

④親指を回す・引っ張る、指圧する

親指を左右同時にクルクル回してみましょう。どうですか、けっこう意識しないとできませんね。これも古くからいわれているあがり防止のテクニックですが、「あがったら、手のひらに人という字を書いて飲め」と同じ理屈です。

人は同時にたくさんのことに集中できません。とっさのあがりを抑えるには、他に意識を向けるようなことをやればいいというわけです。

親指を回す。

親指を逆の手で包み込んでゆっくり引っ張る。

親指で反対の手のひらを指圧する。

すべて目的は一緒です。あなたの、**あがりに集中した心を、一回あがりから放すための方法なのです**。ちなみに、指を引くとき、反対の手のひらを指圧するときには、息を吐きながらおこなうと効果倍増です。呼吸のコントロールにもなるからです。

突然に襲いかかってくるあがりを撃退する方法

⑤ あがっていると広言してしまう

「今あがっています」

「何だかドキドキしてあがりを感じます」

というように、スピーチの席ではあがったことを認めてしまいましょう。

それを早口にならずに、ハッキリと大きな声で伝えるのです。すると、なかには聴衆が笑ってくれることがあります。笑ってもらえればしめたもの。緊張がほぐれて話をしやすくなります。

そもそも、あがりがドンドン強くなる理由の一つに、「自分があがっていること、あがり症だと知られたくない」という考えが強くあるのです。

以前に、あがり症で困っている、病院の院長先生を指導したことがあります。そのときも、「立場上、話の最中にあがっていることを知られたくないんです」とおっしゃっていました。

この院長先生に限らず、知られたくないと隠すことになります。それは、ある種のストレスになり、余計にあがりを誘発してしまうことになりかねません。

どうしたらいいでしょう?

カミングアウトすればいいのです。

話を始める前に自分でオープンにしたらいい。「私はあがり症なんです」と。隠そうとしないで、自分からオープンにしたら、万一のときの保険にもなるし、知られたらどうしようというストレスから解放されます。

何よりもあがったときに「あがっています」と言い切れば自分でも安心できますし、正直な人として好感度が上がるくらいです。

⑥ 実況中継方式で、自分を観察する

スポーツの実況中継を思い出しましょう。アナウンサーが、細かく、客観的にレースなり試合なりをそのまま報道してくれますよね。あがったというときには、声を出さずにこの方式で実況中継して、自分の心理状態を観察してみるのです。

するとスーッと心を落ち着かせてくれますのでオススメです。他でも触れましたように、本書の具体的なスキルは、実際に私や研修の受講者がやってみて、効果のあったものをオ

ススメしています。もちろん、実況中継方式もたくさんの悩めるあがり症の人に試されて、救ってきたものです。

「脚に力があまり入らない」

「肩が痛いくらいに、力が入っている」

「顔が暖かくなってのぼせている」

というように、冷静に自分の「症状」を説明するようにしますと、落ち着きをもたらしてくれるのです。とっさの思考の切り換え術といえるでしょう。

ヒントになったのは、娘がまだ小さい頃に小児科に連れて行ったときの医師の質問にありました。

「お嬢ちゃんどこが痛いの？」

「そうかお腹か。どんな風なのかなチクチク、ズキズキ、キューッ？」

と尋ねていくとそれに返事をしている娘の様子が、段々落ち着いていきます。まあ、お腹の痛みそのものから気がそれたのは大きな理由でしょう。軽症だったのもあるかもしれません。それでも、患者に症状について現在どうなのかと考えさせるのは、「あがり症」というくらいですから、症状をやわらげる効果があるのでは、と思ったのです。

医療関係者に聞いたことがあるのですが、緊急の119番の通報でも「落ち着いてください」というよりは、細かく状況・事実を説明させた方が、落ち着くということでした。

先述のラリー・キングも、初めてのラジオ番組のときはあがってしまい、声が出なくなったことがあったそうです。そのとき、今日が初めてのラジオ出演で、話せなくなったら、曲を流している間にディレクターに叱られた、というような状況を自分自身に説明しているうちに落ち着き、ラジオでは二度とあがらなくなったと述べています。

⑦ 富士山やスカイツリーの写真・画像を眺める

小さなことに悩みがちな人に、昔から勧めているのは、高い所から下界を眺めろということです。高層ビルやスカイツリーの展望台から見ますと、建物や車が小さく見えます。だから、あなたの悩みもちっぽけなもの、と思わせるためです。

しかし、あがったときに、登りにはいけません。なので、代わりに**スカイツリーや富士山の写真や画像をあらかじめ準備しておくのです。あがったときにとっさに眺めて「自分のあがりなど小さいこと」と思えるようにします。**

富士山は日本一というイメージもありますから、さらに効果絶大です。お試しあれ！

あがろうにも、あがらない姿勢を身につければ、あなたはもう無敵

心身一如とよくいいます。この言葉が意味するとおり、心の状態と身体とは密接につながっています。

噛み砕いていうと「あがっているときには、あがる姿勢になっている」といえます。

前かがみ、首・肩・腕といった上半身に力が入り、緊張している。表情も硬くなり、視線は下を向くかキョロキョロと定まらない。

どうでしょうか、あがっている人に共通した姿勢でしょう。

逆に、**あがらない姿勢でいると、あがりたくてもムリなのです。なにせ心身一如ですから。**

これからあがらない姿勢の特徴を4つあげてみます。いろいろ試してあがりにくくなっているのにあがってしまった、というときには、必ずどれかが乱れています。チェックし

て即座に正せば、あがろうにもあがれなくなります。

あがらない姿勢、4つのチェックポイントは次のものです。

①表情

②背筋

③上半身のリラックス（上虚）

④視線

①表情

照れ笑いや、失敗をごまかすとか、愛想笑いなどネガティブな笑いは別です。

自信のある微笑、周囲を明るくする笑いを満面にたたえて、あがることはできないのです。まずは、**あがったのかもしれない、と感じたならニッコリ・スマイルを心がけましょう。**

人前に立ったとき、真っ先に見られるのは顔です。引きつっているよりは、スマイルの方が、自分のあがり対策のみならず、聴衆への安心感を与える効果もあります。つまり、いいスピーチへの下地ができます。

② 背筋

あがっている人は必ず、猫背か、姿勢が悪くなっています。

胸を張って背筋を伸ばし、リラックスした堂々とした姿勢。これであがっている人は見たことがありません。

しつこいようですが、**堂々とした姿勢に先のスマイルが加わると、あがろうにもあがれないのです。**

背筋を伸ばし、胸を張りますが、これは③の「上半身のリラックス」と併せることが肝心です。

せっかく背筋を伸ばしても、無駄な力が入り緊張していたのでは効果は半減してしまいます。

あがらない姿勢を身につければ、いざというときも安心

③ 上半身のリラックス（上虚）

あがっているときには、首に力が入り、上腕が固くなっています。また緊張で動きも悪くなっています。こわばった上半身の力を抜きましょう。

虚実の虚というのは、東洋医学では力の入っていない、余分な力の抜けたリラックス状態を示します。

上半身を虚の状態にすること、つまり「上虚」というリラックス状態にしたなら、あがりの原因が取り除けます。

首回し、腕のもみほぐし、手首回し、肩の上下や、指や手のひらでのマッサージなど、すぐにできて、緊張がとれることをしてみましょう。その場で緊張がなくなっていくのがわかります。

緊張を取り去るために身体の力を抜くといっても、そう簡単にはできないものです。

例えば拳の緊張をとりましょう、といわれてあなたはすぐにできますか。あるいは、肩の力を抜こう、といわれたとしたら、どうでしょう。

力を抜くには、逆に思い切り力を入れてから抜く――。これが、おこないやすくする鉄則です。肩に力を入れて上にあげます。ストンと脱力します。

拳に力を込めて握ります。力を抜いて開く。これですと、力は抜きやすいのです。簡単です。「アレ?」とあがりを疑うのならまずやってみましょう。

④ 視線

アイコンタクトをするときは別にして、背筋をしっかり伸ばして胸を張り、視線はまっすぐに正面を見ましょう。この体勢でいますと、床を見て自信なさげに見られるとか、落ち着かなくキョロキョロすることができません。

ちなみに、オリンピックを日本に誘致するプレゼンの際に、フェンシングの太田氏はこの視線でした。

あがりの克服には、視線がしっかりしていることが欠かせません。床、スライド、PCの画面、中空……すべてダメです。

もし、あがりを感じたなら、まっすぐ前に目を向けましょう。

姿勢をよくして顔には余裕のスマイル。しっかり前を見る。これは武道でいう身構えであり、いい話をするときの型といえます。この型をとると、あがることが困難なのです。

あがりのバロメーターは、落ち着いてまっすぐに正面を見ることができるかどうかです。もしも落ち着いて見ることができるなら、あがりは一時的で恐がる必要はありません。


私が伝えたかったのは、心の安定と視線の安定とは不可分だということです。

つまり、心が乱れたあがり状態になると、視線は不安定になる。ですから、その逆で、**視線を安定させることによって心を安定させるのです。これもひとつのあがりコントロール法といえるでしょう。**

大事なことなのでくり返しますが、あがりは身体の状態を整えることでコントロールすることができます。

あがったらあがったなりの方法があります。いま心配するよりも、あがったときに対応すればそれでいいのです。

頭のよい人ほどあがりやすい

あがりの究極の対処法は、開き直ることです。

「別にあがったところで、命までとられるわけじゃなし」

「あがったからそれがどうしたっていうんだ」

こんな風に思えたら、大丈夫です。

ところが、あがり緊張タイプの人はどうしても考えてしまうものです。

「頭の良い人ほどあがる」

これは、スピーチ・プレゼンその他の研修合わせて31年間、延べにして20万人に指導してきた私の結論です。

逆に、何も考えないで「何とかなるさ」「どうとでもなれ」と開き直れる人はあがらないのです。

考え過ぎる、先を読む力のある人は、開き直るのが一番なのです。しかし、そうできないわけでしょう。私自身、開き直ることができるまでに、ずいぶんムダと思えることにもチャレンジしました。

その昔フルコンタクト空手の黎明期、道場に通い、叩かれ、蹴られ、肉体的に痛い想いをしました。乱暴な時代でしたから、白帯でも希望者は黒帯と組手できました。今は危なくてとても、そんな無茶はしないで、防具はつけますし、床はマットだったりします。

さて、何も知らない白帯が黒帯と相対しますと、当たり前ですがとても怖いのです。いつ、拳が、蹴りが飛んでくるかわかりません。学校をさぼって道場で殴られ、手の小指と足の甲を骨折したこともあります。若気の至りでしょう。

ただ、どんなにあがっても、そのときほどには恐くないですし、ましてや骨を実際に折ることはありません。

そんな荒療治で、ようやく開き直る度胸のようなものがついていきました。今となっては十代後半のよき想い出です。

あがりなんてたいしたことない、そう簡単には開き直れなかったら、実際にどうしたらよいでしょうか？　私のような痛い思いをしなくてはいけないのでしょうか？

もちろん、まったく痛い思いなどする必要はないのです。

これからあなたに3つの具体的な方法を伝授します。もちろんパッと開き直れたら良いのですが、なかなかそうはいかないので、本書を手にとったのではありませんか？　ではその3つです。

①他のことに集中する
②逃げ出す
③言葉を出す

では、一つずつ説明していきましょう。

まず話そのもの、あがりそのものから意識を他に向けるようにします。**あがりのことを考えないようにしよう、と集中しますと逆にそのことばかり考えてしまうものです。意識はヘソ曲がりですね。**

私が小学生の頃、サッカー少年はまったくといっていいくらいいませんでした。子供のやるのは野球と相場は決まっていました。

少年マガジンに連載されていた『巨人の星』は当時の子供のバイブルでした。野球のことが、マンガ雑誌にも取り上げられていて、Q&Aのコーナーがあったのです。そこでこんな質問がありました。

「ピッチャーが危なくなったときに、キャッチャーがマウンドに走っていって、何かミットで口を隠して話しかけているのを見ました。どんなことを話しているんですか？」

きっとテレビかなにかでそんなシーンを見たのですね。さてピッチャーがピンチのときに、キャッチャーはどんなアドバイスをしたのでしょう。

「フォームが乱れている」

「ボールの握りを変えろ」

というような技術的なことでしょうか？　答えはノーです。気分を切り換えさせるアドバイスをするというのです。極端にいえばということで、こんな話が出ていました。

「今日試合終わったら焼肉にする？」「隣の街までタクシーで行って飲みに行こうか」という野球とはまったく関係ない話をするそうです。つまり、プレッシャーに集中した心を、一回そこから離すわけですね。するとピッチャー本来の力が発揮できるのです。

あがり解消の3つの秘策

そのときの少年マガジンのQ&Aを想い出すと、それはそのまま「あがってしまったらどうするか」の対処法だと思うのです。

さっきのQ&Aを人前で話をすることに置き換えてみてください。あがってピンチのときにどんなアドバイスをしたのでしょう。

ここで、あがりに意識を集中して「落ち着け。あがったらダメだ」などと考えますと、ますます乱れます。

むしろここは「今晩何を食べようかな?」「どこへ、誰と飲みに行こうか?」と、まったくあがりから離れたことに想いをめぐらせるのがいい手なのだと知りましょう。

両手の親指を引っ張るとか、手のひらに人という字を書いて飲む、というのも効果としては同じことです。つまり、**あがりから一時的に意識を離してリズムの乱れを正すのです。**

そう、あなたは一時的に自分のリズムを乱しただけです。大丈夫。すぐに戻りますよ。

2番目は、逃げ出す、です。

といっても、プレゼン会場から脱出してしまうのではありません。まあ、最後の手段としてそこまでの覚悟があればいいのかもしれませんが。

説明会や、プレゼン・スピーチの場から脱出できる「合法的な」場所といえばお手洗いです。ちょっとトイレに行くのなら、許される脱出でしょう。どうしてもあがってしまい、耐えられそうにないときは、とっさにその場から一時避難するのです。

そのための事前準備として、もし司会がいるのなら、合図をあらかじめ決めておいて、ピンチになったときは休憩時間としてもらいましょう。

しかし、そうできなかったときは、どうするか。

「コーヒーをがぶ飲みしてしまいまして」

など、いざというときに使える一言を考えておいて、

「1回休憩にします」

と自分から切り出すことも覚悟しておきましょう。

そして、トイレ休憩の中でやることは次の2つです。本当はもう一つあるのですが、それは3番目の、言葉を出す、で説明します。

① 洗面

② 新鮮な空気を吸う

洗面というのは、気分の切り替えが手軽にできることの一つです。

以前に「あがったときに何をしていますか」ということを調べたとき、手のひらで自分の顔を叩くという人がいました。気合いを、自分にいれるという理由のようです。アントニオ猪木のビンタのようなことでしょう。もっと、ここはソフトに、顔を洗うとしました。30秒で簡単にできるリフレッシュ法です。

そのとき、窓を開けたり、屋外に出ることができればなお好ましいでしょう。新鮮な酸素を体内に取り入れてください。

ポイントは、先ほども紹介しましたが、吐く息を長くすることを意識して、吸う息はごく自然にします。力を入れ過ぎて吸い込むのは逆効果なのはお伝えした通りです。

そして3番目は、言葉を出す、です。

日頃から肯定的なことを唱え、自己暗示を自分にかけておくのは、あがらない体質をつくるのに一役買ってくれるので、ぜひ毎日実行してください。

例えば「私は人前で堂々と話している！」「私はいい話ができるようになる！」というような自分を励ます肯定的な言い方で、毎日声に出しておくのです。肯定的というのは、先述しましたように、「あがらないで話す」という形ではなく、「堂々と話す」というように表現していくのです。

この、言葉を出す、はトイレ休憩中にもぜひ実行してください。

ただし短い「脱出中」では、文章のように長くしません。

「大丈夫」「絶対安心」「成功する」くらいの短い言葉を、3回ハッキリ繰り返すのです。

スピーチは成功しても、失敗しても、必ず分析する

あがらずに、思い通りにスピーチできたとしましょう。おそらく多くの人は――特に緊張し過ぎたり、あがり症の人ですと、「ヤッター」とか「よかった！」というくらいで、分析しないでしょう。いわば話しっぱなしです。

ところが、あがってしまい大失敗となれば、嫌でも反省し、分析してあがりの原因を探るはずです。

ここで大切なのは、スピーチは成功でも失敗でも要因は分析しておくことです。できるだけ細かくやってみて、因果関係をはっきりつかめるデータにまで落とし込んでください。成功にせよ、失敗にせよ、そこまで分析しないと、本当の要因がつかめないことがあります。下手をしますと、次から見当はずれの対応をしてしまいかねません。

例えば上手くいったとき、自分では大きな声が自信を示してそれが良かったと分析したとしましょう。ところが、次回大きな声で失敗したらどうでしょう。もしかしたら、成否

の要因に大きな声は関係ないのかもしれないと気づくはずです。しかし、これは成功したときに判断して分析しませんと、比較ができません。

要因を書き出しておいて、少なくとも3回以上登場したなら、それは成功ないし失敗する要因の可能性が高くなります。

毎回の反省分析は、いいスピーチには欠かせないのです。

そうすれば、大きな声ではなくて、結論を先にひとこと言ったら成功が3回。言わなかったら失敗2回。どうやら結論を先に提示した方が社内プレゼンでは成功できるようだ、というような、より正しい分析ができるでしょう。

成功でも失敗でも、思いついた要因は「見える化」しておくことが重要なのです。

ここまで本書をしっかり読んで、実行してきたあなたなら、あがったという状態は、相当減っているのではないでしょうか。しかし、それでもあがったという場合は、「リズムの乱れ」が大きいと私は考えています。

ではなぜ乱れたのか？

実は、睡眠不足や飲み過ぎ食べ過ぎ、ストレス過多というような生活の乱れが、あがりの原因ということがあります。

対症療法的にあがってからあわてて何か手を打つよりは、あなたなりに必勝のリズム・パターンを知るのが大切です。つまり、ここでも成功と失敗の分析です。

あなたにとって大事なのは、あがりを味方につけることです。適度に緊張できるくらいに、自分をコントロールする力を身につけることです。そのうえでいい話ができるための具体的方法をマスターしていくことです。

ここまで述べました、5日間のプログラムをくり返し実行することで、あなたの「いいスピーチ」ができる力は、2倍にも3倍にも伸びてゆきます。

常に実行を繰り返して木の年輪のように成長していくのが理想です。

おわりに

自分が強度のあがり症だった青春の日を思い出しますと、まさか、よいスピーチができるというテーマで本を書いているのが夢のようです。

まずは、ナントカ人並みに話せるようになりたい。それだけが望みでした。あがり症の自分から脱却したい。そこにはとても、自分を好きになるなどという思いはなかったのです。

ところが、つい最近、私の講演を聞きにこられた方からメールをもらいました。先生の言葉のひとことひとことに力をもらえました。心の師として、これからもどこまでもついていきます、という内容が書かれていました。私は、その内容に感激し、涙ぐんでしまいました。本当に。

あがり症で苦しみ、人より劣っていた自分が、「心の師！」と言ってもらえるなんて、信じられないと思いました。

そうなると、私はあがり症だったこと、そこからの脱却に努力を傾注してきたことが正しかったのだ、と実感できました。人からある意味尊敬されているんだという自覚もでき、今の自分は大好きです。

そう、あなたももしかしたら今のあがり症で悩む自分のことは、あまり好きではないかもしれません。でも、本書を読み終えて、内容を実践していけば、必ず自分のことが大好きになれます。

自分のことが好きになれる。あがり症を克服することの最大のメリットは、もしかするとこれなのでは！　と最近思っています。これは、元ヒドイあがり症だった私からあなたへのエールです。

さて、本書でのテーマは、一言で言えば「あがりはコントロールしたならいいスピーチの素になる」ということでした。そのために、一方的に悪者扱いにされるあがりも、悪いことばかりをもたらすのではないということを、はじめに述べました。そして、あがりのコントロール法もご紹介してきました。

さらには、これはスピーチに限りません。うまくなりたければうまい人から学べ、ということでスピーチの名手をとりあげて研究しました。特に、人前でのスピーチやプレゼンのルーツは欧米にあります。もっとさかのぼれば古代ギリシアの雄弁術となるのでしょうが。

そして、欠かせないのが何を話すかという中身です。同じ中身でも話す順番、流れを変えただけでより説得したり、アピールすることができます。いわゆるスピーチの構成です。

これもより多くの人にということで、ビジネスとプライベートで使える事例を盛りこんでみました。

何を話すか、中身と順番さえわかれば、あがりは急速に軽くなっていきます。

とはいうものの、中にはそれでも過度にあがってしまう、という人も皆無ではないでしょう。主にそれは、生活のリズムが乱れ、心身のストレスが原因です。ちょっとした乱れで、あがり症はぶり返してしまうのです。

そんなときの対処法まで加えてみました。全部で5日間。この5日間であなたはいいスピーチができる人になれたと確信しています。

あなたはおそらく、今までずっとあがり症で悩んで苦しんできたことでしょう。その苦しみはあがり症でない人には理解できないものです。

しかし、あがらないで話せる、だけが目標では味気ないものです。

なぜなら、それはそうでない人にはごく普通のことなのですから。彼らは上のクラスにいて、さらに先、どうやって人の心を打つスピーチができるのか、何ていうことに興味を持ち、実践しています。

あなたも、今までの辛さから自分を解放してください。そして、あたかもアメリカの大学に行ったかのように、飛び級で彼らを追い越してしまいましょう。

あなたの目標は、あがり症からの脱却だけではないのです。

そう、人の心を打つ、感動させる「いいスピーチができる」ことなのです。

目標といっても、これから学ぶのではありません。すでにあなたは、5日間本書を読まれて実行したことで、すでにスピーチの名手になっているのです。

旅の目的地というのは、そこに到着したときで終わるのではありません。旅は目的地が決まったときからすでに始まっているのです。到着したときの喜びを想像する。旅の後に思い出に浸る。すべて旅の一部です。

あなたは、いいスピーチで人を感動させる、という旅に出ました。本書を読み始めた5日前に。そしてきっと目的地に到着していることでしょう。もしまだであったとしても、行きかたはすでにわかっていますから、あとは時間の問題です。

ここまでおつき合いいただいた読者のあなたに感謝します。そして、本書を世に出す機会をいただいた現代書林の松島さん、ありがとうございます。

一人でも多くの方があがり症から解放されて、スピーチの名手が誕生することを願いつつ。

2017年2月

松本幸夫

たった5日間《いつかかん》であがり症《しょう》・話《はな》し下手《べた》でも
「いいスピーチ」ができる

2017年4月17日　初版第1刷

著　者――――――松本幸夫《まつもとゆきお》
発行者――――――坂本桂一
発行所――――――現代書林
〒162-0053　東京都新宿区原町3-61　桂ビル
TEL／代表　03(3205)8384
振替00140-7-42905
http://www.gendaishorin.co.jp/

カバー・本文デザイン――小口翔平・岩永香穂（tobufune）
カバーイラスト―――坂木浩子

印刷・製本　㈱シナノパブリッシングプレス
乱丁・落丁本はお取り替えいたします。

定価はカバーに
表示してあります。

ISBN978-4-7745-1629-5　C0030